杭州优秀传统文化丛书
Hangzhou Youxiu Chuantong Wenhua Congshu

杭俗遗风

徐雍容 —— 著

杭州出版社

图书在版编目（CIP）数据

杭俗遗风 / 徐雍容著 . —— 杭州：杭州出版社，2022.8
（杭州优秀传统文化丛书）
ISBN 978-7-5565-1860-9

Ⅰ.①杭… Ⅱ.①徐… Ⅲ.①风俗习惯—杭州 Ⅳ.
① K892.455.1

中国版本图书馆 CIP 数据核字（2022）第 135288 号

Hang Su Yifeng

杭俗遗风

徐雍容　著

责任编辑	杨　凡
装帧设计	祁睿一
美术编辑	章雨洁
责任校对	陈铭杰
责任印务	姚　霖
出版发行	杭州出版社（杭州市西湖文化广场32号6楼）
	电话：0571-87997719　邮编：310014
	网址：www.hzcbs.com
排　　版	浙江时代出版服务有限公司
印　　刷	天津画中画印刷有限公司
经　　销	新华书店
开　　本	710 mm × 1000 mm　1/16
印　　张	14.5
字　　数	178千
版 印 次	2023年1月第1版　2023年1月第1次印刷
书　　号	ISBN 978-7-5565-1860-9
定　　价	58.00元

（版权所有　侵权必究）

序　言

文化是城市最高和最终的价值

我们所居住的城市，不仅是人类文明的成果，也是人们日常生活的家园。各个时期的文化遗产像一部部史书，记录着城市的沧桑岁月。唯有保留下这些具有特殊意义的文化遗产，才能使我们今后的文化创造具有不间断的基础支撑，也才能使我们今天和未来的生活更美好。

对于中华文明的认知，我们还处在一个不断提升认识的过程中。

过去，人们把中华文化理解成"黄河文化""黄土地文化"。随着考古新发现和学界对中华文明起源研究的深入，人们发现，除了黄河文化之外，长江文化也是中华文化的重要源头。杭州是中国七大古都之一，也是七大古都中最南方的历史文化名城。杭州历时四年，出版一套"杭州优秀传统文化丛书"，挖掘和传播位于长江流域、中国最南方的古都文化经典，这是弘扬中华优秀传统文化的善举。通过图书这一载体，人们能够静静地品味古代流传下来的丰富文化，完善自己对山水、遗迹、书画、辞章、工艺、风俗、名人等文化类型的认知。读过相关的书后，再走进博物馆或观赏文化景观，看到的历史遗存，将是另一番面貌。

过去一直有人在质疑，中国只有三千年文明，何谈五千年文明史？事实上，我们的考古学家和历史学者一直在努力，不断发掘的有如满天星斗般的考古成果，实证了五千年文明。从东北的辽河流域到黄河、长江流域，特别是杭州良渚古城遗址以距今5300—4300年的历史，以夯土高台、合围城墙以及规模宏大的水利工程等史前遗迹的发现，系统实证了古国的概念和文明的诞生，使世人确信：这里是古代国家的起源，是重要的文明发祥地。我以前从来不发微博，发的第一篇微博，就是关于良渚古城遗址的内容，喜获很高的关注度。

我一直关注各地对文化遗产的保护情况。第一次去良渚遗址时，当时正在开展考古遗址保护规划的制订，遇到的最大难题是遗址区域内有很多乡镇企业和临时建筑，环境保护问题十分突出。后来再去良渚遗址，让我感到一次次震撼：那些"压"在遗址上面的单位和建筑物相继被迁移和清理，良渚遗址成为一座国家级考古遗址公园，成为让参观者流连忘返的地方，把深埋在地下的考古遗址用生动形象的"语言"展示出来，成为让普通观众能够看懂、让青少年学生也能喜欢上的中华文明圣地。当年杭州提出西湖申报世界文化遗产时，我认为这是一项需要付出极大努力才能完成的任务。西湖位于蓬勃发展的大城市核心区域，西湖的特色是"三面云山一面城"，三面云山内不能出现任何侵害西湖文化景观的新建筑，做得到吗？十年申遗路，杭州市付出了极大的努力，今天无论是漫步苏堤、白堤，还是荡舟西湖里，都看不到任何一座不和谐的建筑，杭州做到了，西湖成功了。伴随着西湖申报世界文化遗产，杭州城市发展也坚定不移地从"西湖时代"迈向了"钱塘江时代"，气势磅礴地建起了杭州新城。

从文化景观到历史街区，从文物古迹到地方民居，众多文化遗产都是形成一座城市记忆的历史物证，也是一座城市文化价值的体现。杭州为了把地方传统文化这个大概念，变成一个社会民众易于掌握的清晰认识，将这套丛书概括为城史文化、山水文化、遗迹文化、辞章文化、艺术文化、工艺文化、风俗文化、起居文化、名人文化和思想文化十个系列。尽管这种概括还有可以探讨的地方，但也可以看作是一种务实之举，使市民百姓对地域文化的理解，有一个清晰完整、好读好记的载体。

传统文化和文化传统不是一个概念。传统文化背后蕴含的那些精神价值，才是文化传统。文化传统需要经过学者的研究提炼，将具有传承意义的传统文化提炼成文化传统。杭州与丛书作者在创作方面作了种种古为今用、古今观照的探讨交流，还专门增加了"思想文化系列"，从杭州古代的商业理念、中医思想、教育观念、科技精神等方面，集中挖掘提炼产生于杭州古城历史中灵魂性的文化精粹。这样的安排，是对传统文化内容把握和传播方式的理性思考。

继承传统文化，有一个继承什么和怎样继承的问题。传统文化是百年乃至千年以前的历史遗存，这些遗存的价值，有的已经被现代社会抛弃，也有的需要在新的历史条件下适当转化，唯有把传统文化中这些永恒的基本价值继承下来，才能构成当代社会的文化基石和精神营养。这套丛书定位在"优秀传统文化"上，显然是注意到了这个问题的重要性。在尊重作者写作风格、梳理和讲好"杭州故事"的同时,通过系列专家组、文艺评论组、综合评审组和编辑部、编委会多层面研读,和作者虚心交流,努力去粗取精,古为今用,这种对文化建设工作的敬畏和温情,值得推崇。

人民群众才是传统文化的真正主人。百年以来,中华传统文化受到过几次大的冲击。弘扬优秀传统文化,需要文化人士投身其中,但唯有让大众乐于接受传统文化,文化人士的所有努力才有最终价值。有人说我爱讲"段子",其实我是在讲故事,希望用生动的语言争取听众。今天我们更重要的使命,是把历史文化前世今生的故事讲给大家听,告诉人们古代文化与现实生活的关系。这套丛书为了达到"轻阅读、易传播"的效果,一改以文史专家为主作为写作团队的习惯做法,邀请省内外作家担任主创团队,组织文史专家、文艺评论家协助把关建言,用历史故事带出传统文化,以细腻的对话和情节蕴含文化传统,辅以音视频等其他传播方式,不失为让传统文化走进千家万户的有益尝试。

中华文化是建立于不同区域文化特质基础之上的。作为中国的文化古都,杭州文化传统中有很多中华文化的典型特征,例如,中国人的自然观主张"天人合一",相信"人与天地万物为一体"。在古代杭州老百姓的认知里,由于生活在自然天成的山水美景中,由于风调雨顺带来了富庶江南,勤于劳作又使杭州人得以"有闲",人们较早对自然生态有了独特的敬畏和珍爱的态度。他们爱惜自然之力,善于农作物轮作,注意让生产资料休养生息;珍惜生态之力,精于探索自然天成的生活方式,在烹饪、茶饮、中医、养生等方面做到了天人相通;怜惜劳作之力，长于边劳动、边休闲娱乐和进行民俗、艺术创作，做到生产和生活的和谐统一。如果说"天人合一"是古代思想家们的哲学信仰，那么"亲近山水，讲求品赏"，应该是古代杭州人的生动实践，并成为影响后世的生活理念。

再如，中华文化的另一个特点是不远征、不排外，这体现了它的包容性。儒学对佛学的包容态度也说明了这一点，对来自远方的思想能够宽容接纳。在我们国家的东西南北甚至是偏远地区，老百姓的好客和包容也司空见惯，对异风异俗有一种欣赏的态度。杭州自古以来气候温润、山水秀美的自然条件，以及交通便利、商贾云集的经济优势，使其成为一个人口流动频繁的城市。历史上经历的"永嘉之乱，衣冠南渡"，"安史之乱，流民南移"，特别是"靖康之变，宋廷南迁"，这三次北方人口大迁移，使杭州人对外来文化的包容度较高。自古以来，吴越文化、南宋文化和北方移民文化的浸润，特别是唐宋以后各地商人、各大商帮在杭州的聚集和活动，给杭州商业文化的发展提供了丰富营养，使杭州人既留恋杭州的好山好水，又能用一种相对超脱的眼光，关注和包容家乡之外的社会万象。这种古都文化，也代表了中华文化的包容性特征。

城市文化保护与城市对外开放并不矛盾，反而相辅相成。古今中外的城市，凡是能够吸引人们关注的，都得益于与其他文化的碰撞和交流。现代城市要在对外交往的发展中，进行长期和持久的文化再造，并在再造中创造新的文化。杭州这套丛书，在尽数杭州各色传统文化经典时，有心安排了"古代杭州与国内城市的交往""古代杭州和国外城市的交往"两个选题,一个自古开放的城市形象,就在其中。

"杭州优秀传统文化丛书"团队在传统和现代的结合上,想了很多办法,做了很多努力。传统文化丛书要得到广大读者接受,不是件简单的事。我们已经走在现代化的路上,传统和现代的融合,不容易做好,需要扎扎实实地做,也需要非凡的创造力。因为,文化是城市功能的最高价值,也是城市功能的最终价值。从"功能城市"走向"文化城市",就是这种质的飞跃的核心理念与终极目标。

2020年9月

(单霁翔,中国文物学会会长)

浙江名胜图（局部）

目 录

第一章
祈愿求安

002　半山娘娘庙——英勇无畏，忠贞护国

023　吴山中兴东岳庙——良善之人，终得福缘

036　药王庙——医者仁心，济世为民

047　温元帅庙——驱瘟除疫，民间愿望

061　以桐为姓　结庐而居——行医济世，万世景仰

第二章
敬主守业

074　伍公庙——抵御水患，潮神信仰

089　钱王祠——保境安民，盛世钱塘

103　潮王庙——舍身为民，不畏牺牲

114　机神庙——丝织技艺，百姓崇之

129　月老祠——缘分天定，心有所愿

第三章
行正扬清

150　岳飞庙——青山忠骨，流芳百世

162　于谦祠——大义担当，力挽狂澜

174　施将军庙——勇敢仗义，壮士断腕

186　太太殿——孝行孝迹，流芳百世

199　吴山城隍庙——刚正无畏，勇作直臣

第一章

祈愿求安

半山娘娘庙
——英勇无畏，忠贞护国

来到半山森林公园，在入口处不远便能看到一座典雅雄伟的建筑，四面杏黄色的围墙相当醒目，墙面上写着"南宋古庙"四个黑色大字。

推开砖红色的铁门抬眼往里看，庙宇两端的飞檐翘角恰似隐匿在一片苍松和翠柏之中，唯有香炉里的青烟如一条丝带娉娉袅袅向上缭绕，显得古朴静谧。

半山娘娘庙正门

这便是位于杭州皋亭山上的半山娘娘庙，一座有着近九百年沧桑历史的民间庙宇。

一、胡世宁皋亭"追思"

明正德八年（1513），杭州府仁和县横塘村人胡世宁收到了从江西兵备宪副①升任福建按察使②的升迁令。

从江西到福建，刚好需要途经浙江，他便打算在抵达福建之前，先回家乡杭州探望父母。

胡家世代为农，祖祖辈辈一直居住在横塘村，家境并不富裕，是一家人节衣缩食才供胡世宁读书入仕的。

胡世宁在外为官多年，辗转各地，思乡之情虽浓，但并没有多少机会侍奉双亲，时常有"露从今夜白，月是故乡明"的惆怅。故此番回杭，他打算尽尽孝心，多待一段时日。

多年未归，此次回到家乡，见青山妩媚，民风淳朴，老百姓生活惬意，他很是欣慰，便想乘此次留杭之机，多多了解家乡的风土人情，也算是不忘故土，聊以慰藉漂泊在外的心。

距离横塘村不远的皋亭山，算是此地最负盛名之处了。据说皋亭山高百余丈，出云则雨，是个钟灵毓秀的好地方。皋亭山上古树参天，郁郁葱葱，充满了野趣，伴着古刹钟声，余音袅袅，令人心驰神往。胡世宁带着随从欣然前往游览。

他们行至半山处，望着更远处那青青翠翠的山岗，擦把汗，歇一歇。胡世宁看到有一条小径可翻过山岗，

---

① 兵备宪副：明朝时的兵备官，主要负责分理辖区军务、监督地方军队等。
② 按察使：明代主管一省的司法。

随从说那是砍柴者开辟的小路。胡世宁很兴奋，像是寻着宝贝一般，要去探寻一番。他们沿着小径一路向前，不知不觉间来到了一座庙前，外墙上写着"南宋古庙"四字。

"这是何地？"胡世宁问道。

"回大人，这是咱们这儿的半山娘娘庙，周围的百姓时常来祭拜，香火很旺。"随从答道。

"哦，原来是半山娘娘庙。"胡世宁若有所思地走进了大门，映入眼帘的是一只三脚大香炉，沉稳而厚重。香炉中青烟袅袅，香客们正在祈福祭拜。

其实胡世宁小时候便听过半山娘娘的故事，只因那时潜心学问，并未亲自前往祭拜过。此番偶遇，他便进庙参拜。只见庙中的娘娘意态雍容，祥和可掬，再定睛一看，美目中还隐隐透露出一股正气。

看着络绎不绝的香客和绵延不断的香火，他向年长一点的香客询问娘娘庙的来历，有些人说是"神女下凡"，有些人说是"蚕桑娘娘"，有些人说是"撒沙救康王"的倪夫人，虽说法不一，但可以看出香客们都是到娘娘庙来祈求平安的。

胡世宁对家乡的这位半山娘娘产生了极大的兴趣。十五岁正值青春懵懂期的普通民间少女，死后突然化身成了半山娘娘，还引得如此多的老百姓前来祭拜，享尽人间香火，这其中的神秘色彩不禁让人遐想。

胡世宁回到家后便开始翻阅古籍，寻访当地百姓，本想详细考证后写文纪念，可赴任在即，只得暂且搁下。

这一搁就是十一年，到嘉靖三年（1524）终写下《撒沙护国夫人庙记》，为后人讲述了一位英勇无畏、忠贞爱国的英雄女性的故事。

丁丙的《三塘渔唱》卷上略记其文："神世居仁和，裔出倪氏。时值金兵，神尚属闺女，避乱郊野，饥寒迫切，狼狈而殒。里人怜其捐躯守志，瘗①于皋亭之半山。金兵长驱南逐，康王奔逸，夜梦神曰：'王但前，吾当助阵。'明日接战，忽狂风大作，向北扬沙，金人目尽瞀②。宋兵鼓勇前追，俘斩无算。高宗即位，首崇祀典，敕封'撒沙护国显应半山娘娘'，立庙塑像。"

二、金兵夜袭，十五岁少女勇敢留守

靖康二年（1127），金朝南下攻取了北宋的首都东京（今河南开封），掳走了徽、钦二帝，导致北宋灭亡。

到了五月初一，康王赵构在南京应天府（今河南商丘南）即位，定年号为建炎，正式拉开了南宋的帷幕。

可初定的南宋王朝并不安宁，原来的首都东京汴梁早已残破不堪，中原一带几近沦陷。金兵在黄河两岸不断穿梭，多次进犯，企图进一步压缩南宋的势力范围，将这新生的王朝扼杀。

赵构决定逃往东南富庶之地。然而金兵追赶的铁蹄从未停止，由北向南，一直穷追不舍。可怜的高宗一路南逃，经过反复追逃，辗转各地，颠沛流离，险象环生。

建炎三年（1129），赵构逃到杭州，不料发生"刘苗兵变"③，刘苗二人要求立赵构三岁的儿子为皇帝。

---

①瘗（yì）：掩埋，埋藏。
②瞀（mào）：目眩。
③刘苗兵变：建炎三年（1129），南宋将领苗傅和刘正彦发动兵变，诛杀宋高宗赵构宠幸的权臣及宦官以清君侧，并逼迫赵构将皇位禅让给三岁的皇子赵旉，史称"刘苗兵变"。

赵构迫于无奈，只能怀着沉痛的心情被遣往皋亭山上的显宁寺[①]，做了临时的太上皇。显宁寺一度成了赵构的行宫，又被称作睿圣宫。不久后，因各路勤王大军到来，兵变迅即被平定。

但一波刚平，一波又起，赵构刚安定下来没多久，金兵又大举南下，他只好又仓皇出逃。金兵大肆搜寻，皋亭山也成了他们搜寻的目标地点之一。

金兵的铁骑天天如黑云般来去，老百姓如惊弓之鸟，纷纷逃离。

倪家姑娘本是皋亭山下一户普通农家的女儿，一直以耕读农桑为生。

时年十五岁的倪姑娘出落得亭亭玉立，聪慧敏捷，熟谙诗书，平日里养蚕纺织，帮着家里干农事。她还养了一只花猫，日日做伴，说是可以防范鼠患，总之生活平静快乐。

但肆虐乡里的金兵打破了平静，扰乱了百姓的生活。他们烧杀抢劫，无恶不作，所到之处都被洗劫一空。

倪姑娘所在的村子听闻金兵进犯之事，有些人家打好包袱，打算全家老小逃离，有些人家则不愿背井离乡，踌躇不定。

倪姑娘见状，心下明白大家既舍不得世代居住的家园，又害怕金兵来了全家会遭遇不测。

于是倪姑娘向父母表明自己要留下来守村放哨，让大家就近躲避，如果金兵没有来到这处深山坳，她便报

[①] 显宁寺：位于现拱墅区半山街道石塘社区刘文村境内，开创于五代，民间有个说法叫"南有灵隐寺，北有显宁寺"。

信通知大家。父母担心她的安危，坚决不同意。

倪姑娘却不慌不忙，慧黠一笑，镇定地对父母说："我已有应对之策，父亲、母亲请放心。"

原来她早已在屋后挖好了一个小洞，并在洞里储备了多日的干粮，如果金兵突袭，还可躲上几日。父母还是怕有万一，垂泪劝说，但倪姑娘心意已决，坚持要留守。

就这样，百姓陆续离开，村里变得寂静无声，只有那只花猫陪伴着倪姑娘。

傍晚时分，天色渐渐暗下来，山路隐没在了夜色中，不可分辨。倪姑娘正放松下来，忽然听到隐隐约约的马蹄声，没过多久就看到不远处传来明晃晃的火光。

"呀，是金兵来了！他们真的来了，幸好村民们都转移了。"

倪姑娘有些紧张，急吼吼地打开屋后的门，想要快速躲进小洞里。谁知抱在手中的花猫，见那火光灼灼，竟然一纵身跳了下来，嗖地一下逃走了。"喵喵，喵喵"，倪姑娘情急之下喊了两声，不自觉地从屋里追了出来，到了门外才把花猫抓住。

当她再想折回屋内时，发现金兵已经到村口了。

为了避免被发现，倪姑娘来不及多想，顺势往另一侧的树林中跑去，在半山腰躲了起来，静观其变。

花猫在她身上蹭了几下，一个小跳又逃走了，倪姑娘此刻已不敢起身，生怕一不小心冒头会被发现，只好蜷缩在矮灌木丛下，期待金兵快点撤离。

谁知金兵见到空无一人的村舍，怒火中烧，挨家挨户抢了东西不说，临走时还一把大火烧毁了村庄，真是无耻至极。

一时间火光冲天，浓烟滚滚，连片的屋子一间间地倒下，金兵举着火把得意地放肆大笑，甚至有些官兵在那火光前转圈起舞，宛如篝火盛宴，好不热闹。

倪姑娘泪流满面，看着熊熊大火吞噬了自己的家园，内心悲愤无比。哭泣让她神伤不已，泪水浸湿了衣襟，不知不觉间便在树丛里睡着了。

三、侠义救高宗，农家姑娘不幸罹难

直到第二天晌午，倪姑娘才从昏睡中醒来。看着烧成一片灰烬的屋舍伤心欲绝，可她没时间伤心，要立即去通知家人和邻里，让他们尽早折返，重建家园。于是她偷偷溜回屋后的小洞，带了一些食物装在竹篓里，匆匆从另一条小路赶往山里寻找村民。

再说宋高宗赵构，听闻金兵大举南下后，吓得差点跟跄摔倒，匆忙命人备马，带着一干随从，慌不择路地逃了，越逃身边的人越少，等逃到皋亭山附近时，身边只有几个忠心的侍卫了。

一行人正在皋亭山北坡狂奔时，一块大石头突然横亘在路中间，赵构的马一惊，一声嘶吼，差点把他颠下去。此时的赵构早已身心俱疲，自逃亡之日起，他日日不得安心，总是夜难寐食难咽，每天寅时不到便醒了，今天又已奔逃了数个时辰，又饿又渴，让马这一吓，更是半

天缓不过气来。

"皇上,皇上,您没事儿吧?"

赵构摆摆手,示意休息一下,并招呼一个侍卫:"去,你去找点水来。"

那侍卫面露难色:"皇上,皇上还是先起程吧,金兵很快就要追上来了。"

赵构无声地看了侍卫一眼,心中一阵哀凉,感到自己实在窝囊,长叹了一口气,起身准备上马。

真是到了山穷水尽之时了吗?

赵构忍不住又喟然长叹:"真是天要亡朕,天要亡我大宋吗?"想这穷僻山间,估计已难有转圜之地。须臾间,声音远去,没有回应,空旷山野更显孤独寂静。

正当赵构绝望之际,忽听一阵窸窸窣窣之声,众人惊惶之下正想躲藏,只见一位农家姑娘,身上背着个大竹篓,衣服有些破旧,满脸是泥,急匆匆地往山下来。

"姑娘,山那头可曾看到金兵?"侍卫急切地问道。

倪姑娘看几人衣着不凡,又询问金兵之事,料想他们也是逃难而来。

"金兵昨晚在山那头的坞里抢劫,还烧毁了我的村子,现在应该已经离去了。"

先前问话的侍卫看了一眼赵构,赵构示意了一下,他又问道:"不知姑娘可否带领我们翻山过去,躲一躲?"

倪姑娘思索了片刻,答应先把他们带到安全的地方。谁知还没等他们爬到半山腰,就听到远处传来马蹄声。

侍卫大喊:"皇上,不好,恐怕是金兵追来了!"

倪姑娘一听原来是皇上,吓得赶紧要下跪。

"免了,免了!此处山上均是些低矮的树木,不适合躲藏,恐怕金兵一眼就能发现我们,姑娘可有法子?"

倪姑娘想了想,想到了肩上的竹篓,心生一计。

"皇上,我这里有一个竹篓,可躲一人,您可躲在竹篓里,我用松毛盖住。其他人则快马离去,最好能引开追兵。山下是黄泥小路,我去扫动一下,扬起尘土,看起来便像有快马经过了。"

赵构叹了口气,说道:"那只好如此了。"

赵构躲在竹篓中忐忑难安,倪姑娘却麻利地跑到山下的泥路上,捡了路边的竹耙,唰唰唰地来回在泥路上扒扫一番,一时间尘土飞扬。

很快金兵便追上来了,扬起的尘土一时间阻止了他们快速前进的步伐,只听到马儿阵阵的嘶叫声和士兵咳嗽的声音。

"快追!这里尘土飞扬,他们定是刚从这里经过!"为首的将领大喊一声。

倪姑娘见已成功引开了金兵，便偷偷往山上走。谁知跑得太急，不慎跌倒，发出了动静，被金兵发现了。

"站住！山上跑的给我站住！"领头的金将说着便拿起了弓箭。倪姑娘回头一看，知道自己跑不了了，为了避免竹篓被他们发现，只好主动走下山来。

金兵把明晃晃的刀架到她的脖子上，恶狠狠地质问，只听得少女清脆的声音："我只是路过此地，没见过什么人，更不知道什么宋兵。"

领头的金将看了看路上的马蹄印，又斜眼看了看倪姑娘，见她一副天真烂漫的模样，想来应该不知情，便招呼队伍："快，继续往前追！"

金兵的马蹄声终于远去，飞扬的尘土逐渐散尽。

赵构长舒一口气，正想要从竹篓里出来，忽又听到急促的马蹄声从远处传来，吓得一动都不敢动，原来是金兵折返了。

金将勒马停住，一把把倪姑娘抓了过去，大声呵斥："说，其他人往哪里逃了？那个赵构跑哪儿去了？"

"我不知道，没看到什么人。"

"不知道？还敢狡辩！"金将说罢扔出了一个头颅，正是先前搭话的那个侍卫，"看看，这就是宋狗的下场。快说赵构跑哪儿去了，你定是在掩护他们。"

倪姑娘一脸倔强，毫无惧色，想起他们昨晚的恶行，不禁愤而怒吼："你们这些金贼，破我河山，毁我家园，你们这群贼！"

"好你个小丫头，胆子倒真不小，不怕我杀了你？说，赶紧说，其他人往哪里跑去了？说出来，我就放了你。"

"金贼，你等着吧，有朝一日，定有人取你们狗命！"

金将大怒，一剑刺去，倪姑娘应声倒下了。金兵又搜寻了一番，毫无收获，只得骑马远去，又是一阵尘土飞扬。

赵构听得痛心不已，却只能躲在竹篓里，生怕金兵再次折返。他深恨自己无回天之力。破碎的山河，苍茫的大地，战争的烽火，一切何时才能归于平静，飘摇的帝国何时才能摆脱动荡、江山稳固！正当赵构在伤心悲叹之时，又听到马蹄声从远及近而来，不由得万分惶恐。待来人来到近前，听到他们的说话声，原来是那些侍卫摆脱金兵后又回来寻找他。赵构在侍卫的搀扶下来到山下，见倒在路边的倪姑娘，暗暗起誓，有生之年定要给

半山娘娘庙遗址（1990年庙在遗址前重建）

倪姑娘一份补偿。

就这样，十五岁的农家少女，在机缘巧合之下救了赵构，以年轻的生命为新生的南宋王朝挡了一劫。

村里的百姓感念倪姑娘勇敢留守家园，又为国捐躯，为了纪念她，便把她安葬在了皋亭山上。

四、敌强我弱，撒沙护国破敌阵

话说宋高宗赵构，躲过了金兵的追击，刚惊魂稍定，又听到金兵追来的消息，无奈之下只好命人找了船，以期出海躲避金兵。谁知金兵竟也不死心，即刻乘船追击而来。

大海茫茫无际、空旷无边，赵构的船队在台州与温州之间的海面上不断漂泊，甚至一度逃往福州。他的内心十分焦灼，前路漫漫，后有追兵，这样危机四伏的日子什么时候才是个头啊！

正当赵构每日里长吁短叹之时，一天，海上突然狂风呼啸、雷声滚滚，大雨倾盆而下。船队好不容易才脱险，数日后有哨船回报，因金兵不习水性，在那次狂风暴雨中有数艘船被大风刮翻，众多金兵被卷入海中，损失惨重。

赵构闻报大喜："真是天不灭我啊！"

金兵将领完颜宗弼则头痛不已，眼看就要把赵构逼到绝境，可前几日的大风大雨让船队折损颇多，剩下的船也多有破损，已无法进一步追击。而江南河道密布，不利于骑兵作战，又加上劳师远征，战线拉得太长，几次战役均无功而返。

不得已，完颜宗弼声称已完成"搜山检海"的预定目标，开始率军北撤。宋军大将韩世忠得知完颜宗弼北撤的消息后，高兴得直拍大腿，决定带领将士们在镇江阻击金兵。

宋军将士们一听要与金兵决战，士气高昂，同仇敌忾，英勇不已。但因此时的宋军大多是在江南重新组建的，且以步兵为主，几次恶战下来，纵然有所斩获，却很难与金兵相抗衡。

面对敌强我弱的形势，韩世忠思忖良久，决定使用拖延战术。金兵后援在北方，在江南一带，军需粮草无法得到长久供应，只要拖到其弹尽粮绝，就能粉碎金国南侵的企图。

他用大战船把江面封锁起来，自己则率军退守至长江北岸边，加固工事，据险御敌，决意把金兵困死在镇江。

两军僵持多日。

一日清晨，有钦差大臣来到韩世忠中军大帐前，带来了一道赵构的密旨，让其择机出击金营，痛歼敌寇。

韩世忠疑惑万分，目前两军形势变幻莫测，况且金军虽然受挫，但主力未损，实力依然不容小觑，皇上怎会贸然下令出兵？即便金兵不擅水战，但仅以八千宋军抗击金军主力，哪怕能险胜，也会损兵折将，大伤士气。

钦差为解其心忧，如实相告。

原来，前两日高宗做了一个梦，梦见一位头戴本白蚕花、身穿蓝色印花长裙的妙龄少女来到他的床边。

女子落落大方，向赵构说道："吾奉天帝玉旨，特来传谕：速兴皇师大军出击金军，届时神灵将护佑之。天赐良机，万不可失，切记，切记！"说罢便欲转身离去。

赵构急忙起身："仙姑所言不虚？不知仙姑是何方神仙，可否留于宫中？等扫灭金人，朕当册封仙姑为'护国娘娘'。"

女子莞尔一笑："蒙君王抬爱，吾已与君阴阳相隔。吾乃民女倪氏，曾住杭州皋亭山，为君王分忧、为国尽力，本是吾等使命，那金人烧杀、奸淫、掳夺，无恶不作，天怒人怨，人神共愤，定有此败。"说罢飘然而去。

赵构一惊而醒，反复思量，觉得既有神旨，必能取胜，于是披衣下床，写下密旨，命人火速送至长江口。

韩世忠听后亦认为天神显灵，定是吉相。

翌日，韩世忠便率军与金兵展开大战，连番冲杀下，宋军有些寡不敌众，开始节节败退。

正当宋军退守到长江岸边，与金兵苦苦对峙，就快被突破防线时，突然，刮起了一阵狂风，飞沙走石，遮天蔽日。

岸边的黄沙像是被人"撒"出来一般，一大把一大把地裹挟着岸边的芦苇、野草、枯枝烂叶，猛地吹向进攻中的金兵。

风势越来越大，金兵双眼难睁，分不清南北，被吹得人仰马翻。宋军乘机大举掩杀，局势迅速逆转。

就这样，落败的金兵在黄天荡被整整围困了四十八天，最后通过挖通三十多里的淤塞河道，才躲过被全歼的命运。

镇江一战，虽没有大获全胜，但羸弱的南宋渐渐有了起势，初步形成了东起淮水、西至秦岭的防线。

赵构回到杭州后，升杭州为临安府，作为"行在"，并论功行赏。他敕封倪氏为"撒沙护国显应半山娘娘"，并在皋亭山半山腰上为其立庙塑像。此后，皋亭山也被称作半山。

老百姓则被半山娘娘的精神所感动，感念她生前坚守不屈，死后又忠魂护国，于是每逢五月初一其诞辰之日，便纷纷到娘娘庙进香祭拜并祈福。

娘娘庙常常人潮涌动，那场面正如胡世宁《撒沙护国夫人庙记》中所写："凡西湖及城河诸道龙舟，悉至半山朝礼，登高眺望，来往如飞，洵为巨观，犹汨罗之吊屈大夫，人仰忠忱，千古一辙也。"①

五、"半山娘娘祈蚕、祈福"民间信仰的形成

皇帝一个梦，便让一位普通民间少女变身成为神仙，也许从现代人的视角来看有些匪夷所思。但在封建社会，皇帝"梦"的变现增值能量可以说是难以估量的，因为梦而立一座庙也不足为奇。

赵构定都杭州后，南宋依然处于万事未定、风雨飘摇之中。初来乍到，尤其需要凝聚人心，获得广泛的民众支持。敕封倪氏，为她立庙塑像，不仅显示亲民之态，还可激励民众同仇敌忾，激发他们保家卫国的家国情怀。

① 见《康熙仁和县志》卷十四《坛庙》。

从后世留存下来的半山娘娘庙祭祀所形成的民间信仰来看，是暗含了一些根深蒂固的道德认同的，比如宣扬民族血脉中的忠孝节义、浩然正气，有着不可磨灭的历史文化根脉，故而值得追思和祭奠。

杭州地处吴越江南之地，吴越地区的地方神数量大、种类多，有神话传说之神、历史人物之神、行业祖师之神等，受吴越文化的浸润与影响，有功于朝廷和百姓的半山娘娘被当地百姓奉祀为神，成为一种民间信仰，就不足为奇了。

半山娘娘庙从南宋绍兴二年（1132）始建后便香火旺盛。老百姓们纷纷前往赶庙会、做祭祀，络绎不绝的香客朝圣进香，形成香市，香市又不断繁荣延续，去半山娘娘庙"祭拜"于是成为一种地方习俗渐渐流传下来。

近九百年来，半山娘娘庙虽屡次被毁，但又屡次被重建，香火绵延至今。忠魂护国的半山娘娘精神不仅没有被遗忘，反而焕发出新的生机。

南宋以来，商品经济逐渐发展，杭嘉湖地区被称为"丝绸之府"。蚕种的健康，蚕茧的丰收，是老百姓的命根。

因半山娘娘生前养过花猫，她死后又时常传出在庙里见过七彩猫的传言，倪家后人就用半山的山土和井水，手工捏出一只只泥猫，放在庙里售卖。

据说有一次，一位蚕妇到半山娘娘庙赶庙会，看到泥猫模样喜人，价钱也不贵，便买了一只回家搁在了蚕室的匾架上。

这天夜里，蚕妇仍和往常一样，起身到蚕室给蚕饲叶。

她一进蚕室,便见一只花猫正在墙角追赶老鼠,一眨眼工夫又寂静下来,什么声音也没有了,老鼠和花猫都不见了,只看到匾架上的泥猫在原地晃动了一下。

蚕妇好奇地用手去摸了摸它,奇怪的是泥猫全身的花毛竟然是柔软的,但马上就变硬变平了,温热的气息也随之变凉。蚕妇以为是自己产生了错觉,便也没当回事。

但神奇的是,自那天之后,蚕妇家里的鼠患居然就消失了,曾经她家老鼠成群,养的蚕一到夜里就被老鼠糟蹋,每天死伤不少。

事情传到村里,养蚕的蚕户纷纷赶去半山娘娘庙买泥猫回家,放在蚕匾或蚕架上。据说从此家家老鼠都无影无踪,蚕茧年年丰收。

时间长了,泥猫镇鼠之说也就流传开来了。

范祖述[1]曾在他的《杭俗遗风·时序类·半山观桃》中写道:"半山出产泥猫,大小塑像如生。凡至半山者,无不购泥猫而归,亦一时胜会也。"

渐渐地,半山娘娘也成为人们心中养桑育蚕的保护神,成为老百姓祈求安宁的精神寄托。前往半山娘娘庙进香的香客更是一年多过一年,男女老少皆有,人们穿着节日的盛装,一起"祈蚕""祈福""祈平安"。天气好的时候,一日之中进香者常多达数百人。

随着时间的推移,半山娘娘庙除了供老百姓祭祀、祈祷之外,还产生了一些公共集会、商业交流的功能。

---

[1] 范祖述:清代学者,著有《杭俗遗风》,记录杭州风俗。

半山泥猫

每年庙会之际，娘娘庙中便会出现乡人争购纸花的热闹场景。纸花就是蚕花，旧俗：供奉在半山娘娘神龛前，可保平安。

据文献记载，当时庙外的各项买卖都能卖到市场价的三倍左右，这无疑给当地百姓带来了非常可观的经济收益。

杭州历代文人也都非常景仰半山娘娘"撒沙护国"的爱国情怀。

除了胡世宁所著《撒沙护国夫人庙记》外，明崇祯六年（1633），杭州人翁汝进也撰写过《重建撒沙夫人庙碑记》。

清代学者丁丙曾作诗云："韦谢宋时两太后，北归北去总皋亭。匆匆百五十年事，只剩撒沙娘子灵。"

清代诗人秦瀛也曾写诗赞半山娘娘："须眉空自愧

婵娟，弱质何堪独遇兵。"

到了现代，郁达夫与友人踏青皋亭山时，以《皋亭山》一文记录下了他在此处的所见所闻，并对半山娘娘做了充分的关注和考证。

半山娘娘民间信仰的形成，大抵也离不开历朝历代文人墨客的着墨与渲染。老百姓在这些诗文中，也以半山娘娘为豪，哪怕时光荏苒、沧桑巨变，半山娘娘庙几经劫难又几次被重建。

明崇祯六年（1633）重建后，清道光九年（1829）山门被焚毁，道光十九年（1839），当地一百三十五名信士自发捐款捐物重建山门。

1943年，娘娘庙大殿、祖祠被日本空军炸毁，观音殿倒塌；在"文化大革命"时，娘娘庙又作为"四旧"，彻底被毁，仅存遗址。1990年，在半山村民、倪氏后裔的倡议奔走下，又在原址重建了。

反复重建的庙宇，代代相传的故事，经过百年的催化与发酵，已经逐渐成为当地百姓心中的情感寄托，一种"舍身忘死""保家护国"的价值观不断影响着半山百姓。

《民国杭州府志》卷一百五十七中曾记载过一位勇敢的半山老妪。

清咸丰年间，杭州遭遇兵火，很多居民为避战火而出逃。当时从半山到临安要过河，但船只常因乱兵被毁。一位聪明勇敢的半山老妪想了一个办法，她偷偷在必经之处的桥上搭建了一个草棚，以敲木鱼为信号，帮助他人安全过河。明知危险，她依然无所畏惧，最后不幸棚毁人亡。但她后悔吗？

我想她一定不会后悔，一方水土养一方人，这何尝不是半山娘娘百年信仰的传承呢？

今天，重修一新的半山娘娘庙香火缭绕，生机勃勃。半山娘娘端坐于四方青石莲花座之上，体态丰润，面容安详，气势非凡。

近九百年的沧桑巨变，半山娘娘在旧时老百姓心中不仅是忠贞爱国的化身、祈福显灵的神祇，更是精神世界的寄托。祭祀半山娘娘早已成为一种民间信仰、民间文化，与人们的生产生活密不可分。

如今，半山娘娘的三大庙会①已成为重要的桑蚕文化传承。"半山立夏习俗"作为二十四节气的重要组成部分之一，入选了第五批国家级非物质文化遗产代表性项目名录。

每逢立夏，半山娘娘庙内都会设置非遗集市，现场有很多非遗民俗文化活动。广大市民可以在立夏民俗体验区体验烧野米饭、采豆、斗蛋、派发乌米饭等传统半山立夏节项目。

半山娘娘的精神内涵愈来愈丰富，实用功能的拓展也越来越广阔，被赋予了民间传统文化新时代的文化特色。

作为民间信仰，半山娘娘早已融入当地百姓生活；作为非遗文化，也被扬弃着融入现代城市生活。今天，半山娘娘庙已成为半山景区的重要组成部分。

① 三大庙会：指二月初八"蚕秧会"、清明"蚕花会"、五月初一"半山娘娘诞辰日"。

参考文献

1. 李娟主编：《中国史里的故事》，中国华侨出版社，2019年。

2. 白玉林、曾志华、张新科主编：《宋史解读》，云南教育出版社，2011年。

3. 吕思勉：《吕思勉白话中国史》，浙江人民出版社，2019年。

4. 张程：《脆弱的繁华——南宋的一百五十年》，群言出版社，2015年。

5. 傅新民编著：《细说南宋京城与西湖》，浙江大学出版社，2005年。

6. 许明主编：《半山记忆》，杭州出版社，2014年。

吴山中兴东岳庙
　　——良善之人，终得福缘

　　小暑时节，绿树浓荫，蝉鸣蛙叫。我们沿着十五奎巷向大井巷方向走去，看到一条上山的石阶小道，有三三两两的人陆续下来，说那是上吴山的另一条路。

　　我们顺着台阶拾级而上，两侧树木葱茏，常能看到游客在路旁驻足休息。快到山顶时，最先看到的是伍公庙。从伍公庙出口出来后，则是另一座较大的院落。

　　门虚掩着，我们走近一看，只见里面是砖红色的木结构房子，寂静无声，古树花香，梵音阵阵，一群人在修炼太极拳，好一幅闹中取静的道家养生场景。抬头只见门上挂着一副匾额，写着"中兴东岳庙"五个黑底金边的大字。

　　原来这就是吴山的东岳庙，据说此庙建于北宋徽宗大观年间（1107—1110），初名东岳行祠，当时的规模并不大，而且有些简陋，直到南宋时对行祠进行多次拓建和改名后，规模才渐渐变大，时多称为东岳中兴观。

　　我们推门进去，来到正殿，殿上挂着"东岳之殿"四字匾额，据说是宝祐元年（1253）由宋理宗亲笔题写的，

中兴东岳庙正门

殿内供奉东岳大帝,即泰山神。

根据古老的阴阳五行学说,泰山位居东方,是太阳升起的地方,是万物发祥之地。《春秋公羊传》中也有记载:"山川有能润于百里者,天子秩而祭之,触石而出,肤寸而合,不崇朝而遍雨乎天下者,唯泰山尔。"所以东岳大帝成为泰山的化身,主生、主死,封禅祭天、治理鬼神。

自秦汉以来,泰山神的影响就逐渐渗透到社会各阶层,进入人们的日常生活之中。在民间,泰山神信仰则更加丰富活泼,且日趋人格化,并赋予了许多传说和神话。

泰山文化学者周郢在《天下东岳庙》一文中写道:"赵氏帝君对泰山崇祀始终不替,促使东岳庙祀在南北进一步普及,真正发展成全国性祠庙,因此两宋可谓是东岳庙发展史上的一大高峰期。"

所以，浙江境内自唐至南宋期间的东岳祭祀点有很多，作为南宋都城的杭州，在南宋末年至少还有六座东岳庙。如今留存下来的还有两座，一座是我们巧遇的吴山东岳庙，另一座就是西溪的东岳庙了，民国《杭县志稿》中有记载："东岳庙，在西溪法华山。"

我们进入主殿，映入眼帘是东岳大帝木雕彩色坐像，左右两侧则是炳灵公和碧霞元君，左右两壁前，有四尊太尉铁像。据庙内碑文介绍，这四尊铁像分别称"灵应侯""福佑侯""忠正侯""顺佑侯"，杭州人俗称"铁哥哥"。这殿内的四尊太尉铁像说来还有一段故事。

一、"铁哥哥"护卫保平安

相传宋高宗赵构还是康王时，曾被派往金营当人质。当时金兵的将领完颜宗弼曾几次三番想下手加害他，但均未得逞。赵构曾言，常在梦中梦到四个护卫，身长数丈，手执器械，护卫在其身旁，外人不得近身。

宋高宗登基后，便找来方士诉说当时情境。方士言称："中天紫微北极太皇大帝座下有四名大将，分别叫天蓬、天猷、翊圣、真武，定是他们在庇护陛下。"手下官员也随声附和："陛下乃天神护佑之真命天子。"高宗听后龙颜大悦。

不久后，宋高宗的母亲韦氏在经历了十五年被金兵俘虏的日子后被释放南归。她对宋高宗说起自己常在梦中见到四位神帅前来护卫，在金时，她便以沉香木刻制其圣像，饰以珠宝，朝夕不忘香火奉祀，才终于生还故国、重享富贵。宋高宗见到四个圣像的面貌与自己梦见的一模一样，更是大喜过望。

为感念四圣护卫之德，也为了巩固自己的统治，宋高宗下令建造四圣延祥观，并敕封四圣为灵应侯、福佑侯、忠正侯和顺佑侯，以沉香刻四圣像，并塑从者二十人，饰以大珠，穷工极巧。当时的四圣延祥观位于今孤山南麓一带。

后来这四圣的铁像出现在了中兴东岳庙，有人说是从江上漂过来的，也有人说是筑钱塘堤坝时挑土挑出来的，说法不一。但无论哪种说法，旧时杭州人都说四位"铁哥哥"很灵验，凡是银钱被盗走的，失主只要诚心祈祷，十日内必有应验。在当时的老百姓心里，"铁哥哥"就是"以御灾危"的保护神。

初建于北宋徽宗时，又于南宋高宗绍兴年间拓成道观的吴山中兴东岳庙曾红极一时，屡毁屡建。到了明成化年间，其又因一场大火毁于一旦，后来虽在明嘉靖十一年（1532）得以重建，但一直沉寂在吴山之上。

吴山"铁哥哥"

而另一座西溪东岳庙，则位于西溪法华山下，建于南宋乾道三年（1167）。此庙依山而建，是一组规模很大的建筑群，有殿、堂、阁、门、亭、楼、观、廊一百多间，黄瓦朱墙，古木参天，气宇轩昂，宏伟壮观，是当时杭州规模和影响最大的道教庙宇之一。清代时，它的影响力远远不止在杭州，而是成为江浙一带一个重要的东岳大帝祭祀中心。

东岳庙供奉的主神东岳大帝在人们看来权力很大，掌管着民间的贵贱和生死，每天朝供者甚多，香火极旺，清朝中期每年秋季的东岳朝会期间，香客不下十万。

如此盛况，除了与历代以来国家封禅的政治灌输及制度引导外，传说神话的广泛流传也让很多老百姓对其产生信仰，人们信奉东岳大帝无所不能，祈雨解旱、消灾祈福、祈求子嗣等愿望几乎囊括日常生活的各个方面。

二、一把帝王须，成就宰相人生

宋高宗时的一桩趣事，引得杭城百姓对东岳大帝的神力更加信奉。

话说当时杭城民居稠密，灶屋连绵，板壁居多，奉佛较盛。老百姓经常在家中作佛堂，彻夜烧灯，故多发火灾。

南宋定都临安后，光临安城中大火，有记载的就达二十一次，其中最厉害的有五次。这个故事就是跟"火"有关的。

相传宋高宗绍兴年间，有一个叫周必大的进士，脸面削薄，不长胡须，整个人一副瘦弱无骨的模样，站在那里，伶伶仃仃的，犹如一只高脚鹭鸶一般，经常遭人嘲笑。

周必大也知自己非富贵之相，年近五十，才得一子。当时他请了乳娘给孩子喂奶，谁知没多久，乳娘患了风寒，儿子没奶吃，饿得日夜啼哭。周必大很焦虑，多处求药无方，无奈之下只得求签占卜，祈祷乳娘赶紧好起来。

方士给他占了一卦，寓意"药不蠲疴[①]，且困于六月"。

周必大听了，内心不安，但仍抱着一丝希望给乳娘抓药，可没几日，乳娘就去世了。周必大见卦象灵验，心中忐忑，担心六月发生坏事，时时日日谨慎，唯恐出错。

直到六月三十日，他才算放下心来，对同僚吐槽道："日前占卦，说我困于六月，心中甚是不安。总算熬到最后一天了，过了今晚，灾星退去，应该就不碍事了。"

同僚们听了，哈哈大笑，打趣道："周兄还真信那占卦之言啊，竟忐忑了一个月。"

"那是自然，宁可信其有，不可信其无。我儿虽无碍了，毕竟那乳娘就此去了。不可不信，不可不信啊！"

"灾祸既已远离，今晚我们便不醉不归，权当庆祝。"于是，四五个人在周必大的家宅中举杯庆贺。

周必大隔壁住的是王家，他的妻弟刚刚新升御史，权势很大。那日正值这位弟弟到王家探望姐姐、姐夫，家中鼓瑟吹笙，好不热闹，竟折腾到很晚，酒酣尽兴后方才散场。

[①] 蠲疴（juān kē）：除去疾病。

周必大与同僚知隔壁有贵客，不敢大声喧哗，等对方散去后才开始开怀畅饮，喝至三更，大家才歪歪倒倒地离去。

话说王家这么一天宴席下来，丫鬟翠儿伺候舅爷茶茶水水、酒酒饭饭，忙得疲惫不堪。她回房后把灯插在壁上，还未来得及取下，便昏昏然睡了过去。

谁知那灯火一路沿着板壁烧起来，先是烧着周必大的宅子，接着便延烧开来，一时间火光冲天。

周必大从梦中惊醒，慌忙叫醒家眷逃命，衣服家当则烧得一干二净。这场大火最终延绵烧毁了数百家。

这火明摆着是从王家烧起的，可因王家舅爷是御史，无人敢惹，临安知府欺软怕硬，不敢捏石头，只敢捏豆腐，便把周必大和邻居近五十人抓了起来。

周必大自知其中缘由，也不多说，只问狱卒："失火造成延烧，按律该问什么罪？"

"牢狱之灾自然不可免！"

周必大又问："如若我一力承担，以免除这几十位邻里的罪罚，可否抵罪？"

"那老爷您这官肯定是做不成了。"狱卒打趣道。

周必大听闻，叹息道："看来卦上之言是真的，躲也躲不了。若真能救人，我又怎会在乎这官职？一顶乌纱帽，可以救近五十人免于罪罚，我也是情愿的。"

狱卒很疑惑："你这个官真是好笑，这世上只有把罪推到别人身上的，哪有自己冒领的？这世上竟还有你这样的人，肯用自己的大好前程给人顶包，打着灯笼都找不到了。"

周必大主意已定，不愿改口。三堂会审之时，三司官员都有想帮他推脱之意，但他只说是自己家中起火，不关他人之事。

最后，就这样上报到了御前，皇帝下了旨意，削了周必大的官职，释放了那些邻居。

周必大遭了大火，丢了官职，家中又一贫如洗，在临安熬了几个月，只得去投奔老丈人王彦光。

王彦光一听女婿为了救邻居，冒认罪名被削了官职，忍不住一肚子火："半生辛苦，才考了个进士。怎么有这样的痴子？别人有罪都是往外推，他倒好，还去冒领。好端端的官不做，自作孽，如今还要连累我女儿受苦。真是家门不幸！待他来了，我一定要好好奚落他一番。"

时至冬日，屋外已是白雪皑皑，王彦光做了个梦，梦见有许多人在门前扫雪，王彦光奇怪，问道："为何在我家门前扫雪？"

"明日丞相到此，扫雪奉迎。"

王彦光正想多问一句，却醒了过来，他感到很诧异："不知明日有什么人要来？"

次日早上，恰好女儿、女婿到来。王彦光暗暗吃惊："难道这丞相就是这个痴子不成？世上哪有这种痴人做丞相的？况且他已经被削了官职，应该不会是他。"但直到那日晚上，并无一人再来。

王彦光直犯嘀咕："这梦可信不可信，难道这痴子真会是丞相？本还想奚落他，好像也没这个必要，万一他真成了丞相……罢了，罢了！"于是对周必大欢容笑脸，一番安慰。

时光匆匆，转眼几年过去，周必大也已五十多岁了。突然有一天，朝廷举行特旨召试[①]。王彦光因多年前的那个梦，便催促周必大去临安参加特旨召试。

周必大不愿去："哪有中了进士，又被免了的人再去参加召试的。况且我现在多年未备考，冒冒失失去，怎会有结果？"

王彦光可不管这些，反复催促。迫于无奈，周必大只好只身前往临安。

话说周必大到了临安，做了一个奇怪的梦。他梦到自己到了东岳天齐大帝处，看见不少牛头马面之人，还有六七个是光着头被锁链绑住的和尚，据说他们是偷吃了十方钱粮、不守戒律，才被发配至此的。又细细一看，乌泱泱的人群中还有一个熟人——赵正卿，正是他的地方同僚。此人广有钱粮，好结交天下名士，可惜花嘴利舌，是个欺世盗名之人。后来不知怎的买了一个官，但在任上只是一味欺压良善、损人利己。

只听一声呵斥，原是东岳帝君震怒："赵正卿，汝在世上并无阴德及于一民一物，一味瞒心昧己、沽名钓誉，哄骗天下之人，障天下之耳目，凭几个臭钱或可蒙蔽他人，还能骗得我否？"

[①]召试：皇帝召来面试，是封建时代选拔官吏的一种特殊方式。

说完，只听赵世卿一声惨叫，边上便有鬼使开始劈破其腹，用滚汤洗其肠。

周必大看了直发怵，使劲揉眼捏耳，想要清醒过来。

忽又闻东岳帝君提到了他的名字："周必大，阴德通天，当为人间太平宰相，可惜骨骼穷酸，难登显位。"随即吩咐小鬼判官："速速给周必大种上帝王须。"

两个小鬼判官便从东岳帝君处取了几缕须，种在周必大嘴上。种须已毕，周必大打了个喷嚏，醒了过来，觉得嘴边甚是疼痛，用手一摸，腮帮子竟然鼓了起来。

他暗暗惊讶，又不敢言语，怕有什么古怪。又过了一夜，嘴边长出许多鬈须，又黑又长又密，颇有光彩，整个人看上去老成了不少。

周必大虽然感到奇怪，但也没多想，匆匆赶往临安，寄宿在了一个姓孙的班直家里。

一日，孙班直从外归来，手里拿了一本小册子，那是当朝皇帝的驾前仪从卤簿①图，器具名色一一写在上面，甚是美观。周必大看到后十分感兴趣，那孙班直便把小册子借给他，让他细细研读。

这只是周必大个人爱好，没承想功名富贵就在这上面。

这次宋高宗特旨召试的考题竟然就出自这卤簿图。周必大早已把相关内容记得烂熟，一字不差，答起题来如有神助，被取为首卷。从此他在翰林院九年，文章之名遍布天下。

---

① 卤簿：古代帝王出外时在其前后的仪仗队。自汉以后，后、妃、太子、王公、大臣皆有卤簿，各有定制，并非帝王所专用。

宋高宗几次想拜他为相，可因他身长面瘦，形似野鹤，恐他福薄，做不得宰相，常常叹息："好一个宰相苗，可惜看着福薄！"

一个老太监知皇帝心意，便缓缓奏道："官家所虑，莫不是周必大？"

"你怎知就是周必大？"

老太监道："老奴见先朝所画司马光相，相貌甚是清瘦，如同周必大身形之消瘦。"宋高宗闻之大笑，遂拜周必大为宰相。

周必大果然做了二十年的太平宰相。后来他遇到一名相士，那人一眼便看中了他的胡须，笑言道："此一部帝王须也。"

后来，东岳帝君为周必大种帝王须的故事逐渐在民间流传开来，"为人须放心田好，留取他年宰相身"的歌谣也在杭城流传开来。

三、东岳庙焚香祈福

旧时老百姓相信做了好事或者坏事自有东岳大帝评判，坏人必有恶报，好人必得护佑。在这样一种民间朴素的共识之下，越来越多的人去东岳庙焚香祈福。

明代释大善在《西溪百咏》中曾描述西溪东岳庙："前有著衣亭，后有梳裹楼，两廊列仪卫甚肃。"西溪东岳庙在法华山下，旧时的人若逢久旱不雨、天疫灾害、受伤受难时，就会跑去祈祷祭拜。

这种浓厚的民间祭祀文化一直延续到清末。戊戌变法开始后，受当时政治因素的影响，民间祭祀一类的活动受到打击和取缔，城乡庙祠数量锐减，东岳庙的香火才逐渐清冷下来。

如今谈到东岳庙、泰山神，人们也许不再有古人那样认为善恶由神判定的信仰，对善恶终有报的因果观也更能理性看待。

科学的发展让我们不再单纯仰仗心中的神灵来做善恶的判官，但对善恶终有报的美好期许却依然根植在大部分中国人的心中。

如今，东岳大帝信仰已然成为一种民间信仰文化存在，吴山中兴东岳庙门口的两棵古楸树如同一对比翼鸟，一左一右守护在大殿前，诉说着那个年代的民间故事。

每年的四五月份，花开得热闹，无数游人信步前来拍照雅赏，也给了这个古老的祠庙带来一丝现代的生机和活力。

同样，西溪东岳庙附近，有一棵四人环抱、冠大叶茂的大樟树，树旁有长生桥，桥下溪水淙淙，常年不涸，仿佛也在无声地告诉人们历史就躺在那儿。

民间信仰的很多仪式也许就此逝去，但那根植几千年的文化认同依然固守在人们心中，良善之人，终得福缘，这是人们心中的祈愿，也是固守在很多人心中的道德标尺。

参考文献

1.〔明〕周清源：《西湖二集（下）》，浙江人民出版社，1981年。

2.洪尚之、阮浩耕：《西湖寺观》，浙江摄影出版社，1992年。

药王庙
——医者仁心，济世为民

薄雾笼罩着海面，看不清远方，浩浩荡荡的三百余人登上了十余艘船，他们不知要去向何方。

只听说那个远方仙云缭绕，恍若仙境，可长生不老，他们都是被选中的幸运儿。远方不知是何方，但那又何妨？

方士徐福是最后一位登船的，他回首望了望熟悉的大地山川，心情复杂。此次赴蓬莱为寻仙丹，仙境到底是否存在，其实他也不知道，他只是带着始皇帝长生不老的殷殷期望，驶向了茫茫大海。

秦始皇嬴政派徐福率数千童男童女入海赴蓬莱，寻求长生不老药的传说如今早已在民间广泛流传。

其实自古以来，我国先人就有渴求身体康健、祛病延年的心愿。只是帝王可以动用千军万马尝试找仙丹，寻求长生不老，普通百姓则只能祈愿，或寻找良医，或求神拜佛，来祈求健康长寿。

故而从古至今人们对于普济众生的医者或医家都极

明代所绘《湖山胜概》中的"吴山总图"上有"皮场"庙，即药王庙所在（万历陈昌锡刊印彩绘本）

为崇敬，因此治病救人的神祇成了民间供祀的主要对象，医疗之神也成为民众信奉的重点。

一、"凡疹疾疮伤，有祷则应"

位于杭州吴山之巅的药王庙便是杭城百姓寄托心意、祈愿健康、尊医重药的庙宇。

药王庙，原叫惠应庙，在民间被称为"皮场庙"，供奉的是汉代相州汤阴（今河南汤阴）皮货堆场的看守人张森。

张森是何许人也？一个北方人，为何又与杭州有了联系？

相传张森是个武人，自小胆识过人，不怕牛鬼蛇神，长得也是五大三粗，非常彪悍，二十出头便开始在汤阴的皮货堆场做看守。因时常需要日夜巡查，几年下来，他对皮货堆场的角角落落都十分熟悉。

皮货堆场人流密集，各行各业的人都有，彼此之间难免有些磕磕碰碰闹些不愉快，张森总是很热心地前去调解，当地人对他十分赞赏和信服。

有一年春天，阴雨连绵，地气潮湿，皮货堆场显得有些清冷。

这一天，张森忽然听到有人喊"救命"，急忙跑过去，只见那人腿上出现了一大片淤青，还有血泡往外冒，像是被什么虫子咬着了。

他猜测对方是中毒了，为了防止毒气蔓延全身，张森顾不得多想，先用嘴替那人吸出了毒血，接着用绑带固定，然后背着他去找了大夫。

后来一经询问，说是因为连日阴雨潮湿，滋生了不少毒虫，那人就是被一只大蝎子蜇的。

张森浑身是胆，便想着要把毒蝎子找出来，于是举着火把、提着刀开始四处找寻。突然在一个隐蔽又潮湿的角落，他发现了一只很大的毒蝎子。"好家伙！哪里跑！"张森大喊一声，上前一刀将它砍死，然后让人在四周撒上石灰粉。

可没想到过了几天，又有人中了同样的毒，张森甚为恼火，看来毒蝎子不止一只，他寻思着一定要拿下它们的老巢。

他带人日夜仔细搜寻，终于又发现一只。他们小心地紧随其后，竟发现了一大堆毒蝎子，密密麻麻看得人头皮发麻。

张森思量再三，回去取了一种石灰散，在毒蝎的老巢周围撒了一圈，毒蝎子开始乱窜，他便举刀疯狂地砍下去，再放火猛烧，终于把这些毒蝎子斩草除根、清除干净了，使当地的百姓避免了一场灾难。

百姓们感谢张森的功德，为他建祠奉祀。民间传言此祠"凡疹疾疮疡，有祷则应"，因此供奉张森在相州汤阴一带非常流行，祠庙很多。

二、商立携张森像，建惠应庙

历史的长河奔流不息，转眼到了北宋末年，金人的铁骑声势凶猛，不久宋室就在赵构的带领下南渡到了杭州。

随之南下的除了大批北方的官员、商人、普通民众外，还有很多北方的文化和习俗。

商立便是这些普通百姓中的一员。他在宋徽宗时期，曾在龙虎山上清观修行。此修行并非完全的道教修行，只因其家道中落，无奈只得到上清观干一些杂活。幸得山上师父点拨，他便慢慢静下心来待在观中，也算解了衣食之忧。

他师父是个懂医之人，经常云游四方，只有每年夏天会在观里待上一阵子。那段时候，上门来寻医问药的人很多，商立时常在旁服侍，几年下来，耳濡目染，多少也懂得了一点医术。

后来徽宗、钦宗被俘，中原一带兵荒马乱，商立只好离开上清观，回到自己的家乡相州汤阴。他见当地供奉张森的祠庙有很多，便挑了一间暂住，因他略懂医术，不时有乡人前来求助。

可惜时局实在太过混乱，金兵在北方四处侵掠，百姓怨声载道。听闻赵构在南方立足，很多人都开始举家南迁，商立也不例外，他孤家寡人一个，可以说走就走。

可就在走的前一晚，他做了一个梦。梦中，他置身于一个蛇鼠虫蚁遍布的破屋子里，瑟瑟发抖，没有食物，手上只有一根木棍，用以防身。

蛇鼠不断地游走靠近，眼看就要爬到他身上去了，他开始大颗大颗地冒汗，不知所措。

突然，眼前出现了一个体形壮硕、孔武有力的人，只见他手执长刀、怒目圆睁。"壮士，救我，救我！"商立急得大喊。只见那人唰唰唰地耍起刀来，不一会儿，屋里的蛇鼠虫蚁统统都消失了。

商立总算放下心来，连连拜谢："感谢壮士，感谢壮士，若无……"话音未落，那壮士便消失了。

他醒来后，反复琢磨梦中之意，心想：定是上天有所托付，所以在我离开汤阴之前给了神旨。难道是到了南方后会有此灾祸，需要有人护佑？

正当他沉思其中不得其解时，一抬头注意到了供奉在头顶的张森像。"对啊！梦中壮士助我杀蛇虫鼠蚁，张森可是能杀毒蝎子、救百姓免于灾祸的神，凡疹疾疮伤都可祈求他护佑。把张森的神像带在身边，岂不正应了梦中之意？"

就这样，商立一路艰辛，长途跋涉，把张森神像带到了杭州。

杭州风景秀丽，芳草艳丽，茂林修竹，特别是西湖，更是晴好雨奇，淡妆浓抹总相宜。南宋朝廷定都于此，真是"暖风熏得游人醉，直把杭州作汴州"了。

商立也被这江南的安宁和富庶所折服，他选择了最佳的观赏点——吴山。他在吴山上的看江亭居住下来，并以亭为庙，把张森神像供奉起来，起名惠应庙，取"惠泽他人必有应"之意。

很快，商立便适应了南方的生活，寻了一份糊口的工作。闲暇之余，他凭借掌握的一点医术，尽力治病救人。

久而久之，商立有了些许名气，有些人就直接跑到惠应庙找他。当他看到对方衣着褴褛，是个穷苦之人时，给其治病便不收钱。那些老百姓感激他，就说他是仙医转世，专门来治病救人的。

后来他又告诉大家张森"砍杀毒蝎，救护百姓，百姓建祠立庙"的渊源，以及"凡疹疾疮伤，有祷则应"的信仰文化。

渐渐地，杭城百姓开始祭拜张森，祈求避灾避祸，挡挡鬼怪蛇虫等脏东西，保佑家宅安宁。惠应庙里的香火也逐渐旺盛起来。

到了南宋末年，张森被封为王爵，惠应庙两侧廊庑还绘了二十四位协助神农尝百草的仙医像。

人们从驱邪救灾的张森的信奉，逐渐扩大到治病祛疾的神农氏的信仰上。他们相信，张森是助神农除害的，先行斩杀邪脏之物；神农氏则是救百姓于病患之中，二十四仙医不顾自身安危，亲尝百草，都值得供奉、配享香火。

到了明清时期，惠应庙变成了药王庙，所奉主神也改成了神农氏（俗称药王菩萨），同时还祭祀春秋战国名医扁鹊和唐代医学家孙思邈。

三、从惠应庙到药王庙

说起这个变化，最直接的因素还离不开明末清初的一场瘟疫，离不开一个叫吴又可的隐医。

那时，天下大乱，民不聊生，又是鼠疫横行，又是天花泛滥，一时间"人鬼错杂，薄暮，人不敢行"，特别是北方，堪称人间地狱。

那时的人本能地认为这是天神发威，于是纷纷修庙拜神，老百姓幻想出"痘疹娘娘""痘儿哥哥""痘儿姐姐"等形象，日日焚香膜拜，以求心理安慰。

杭州也不例外，很多瘟疫病人被安置在了郊外。可这些人无药可治，基本等于等死。

吴又可是江苏吴县东山（今属苏州市吴中区）人，祖上是医药世家，他好学强记，博览群书，天文地理样样精通，且在父亲的耳濡目染下，医术也很精湛。

但因其父亲被朝廷征召后，并未得到重视，还因受牵连被判了刑，故此吴又可坚决不参与官府之事。他家秉持一个原则，只医治普通百姓。

他生性淡泊，喜欢四处游历，居无定所，且不爱留名，所以民间并没有太多他的医术传闻。

瘟疫横行之际，吴又可正住在吴山惠应庙中。

庙中不断有人前来祭祀，他们念念有词，无不虔诚。有位女子，拜着拜着居然号啕痛哭起来，边哭边诉。

吴又可颇为疑惑，仔细一听，原来是她的丈夫和孩子因为瘟疫都被赶到了郊外，很可能因此就回不来了。她伤心欲绝，又无可奈何，只好求助神灵保佑。

吴又可平日下山比较少，听闻瘟疫肆虐便下山察看。他还跑去郊外，亲自看了看那些患者。只见他们被集中在郊外的一间破房子里，一个个神色凝重、有气无力，已经被疫病折磨得奄奄一息。

他见病人如此可怜，回到庙里后，就开始着手研究驱除瘟疫的方子。原来吴又可祖上对传染病有过很深的研究，还著有《温疫论》一书。他根据祖上对瘟疫的研究，抓了药给郊外的可怜人服用。

没多久，那些病人渐渐恢复了健康，他们对吴又可非常感激，知道他住在惠应庙后，纷纷前往叩谢。

可吴又可行踪不定，瘟疫消失后没多久，惠应庙里便找不到他了。

瘟疫结束之后，人们开始传言吴又可是药王转世，是来救病救灾、消除人间疾苦的，于是大家把庙里所奉的主神改成了神农氏，边上还配祀扁鹊和孙思邈。

神农氏在传说中曾亲尝百草，由此掌握了很多草木的药性，并用草药给百姓治病，被民间尊称为药王菩萨。扁鹊是春秋战国时期的神医，能够利用高超的医术，结合当地的实际情况，治疗各种疑难杂症。孙思邈被称为"药王"，他撰写的《千金要方》《千金翼方》被奉为经典。

这些药王的故事在民间多有流传，与道教在民间社会的影响有关。

扁鹊被道教尊奉为"灵应药王真君"，北宋时被封为"妙应真人"；讲述孙思邈故事的《药王救苦忠孝宝卷》在明清时期被民间广泛演绎。这些都促成了民间药王信仰的盛行。这些有功于民、能解救病患的神医被尊为"药王"，正是药王崇拜在百姓心里的折射。

由此药王作为以医药济世的行业神成为一种民间信仰，得到医药界的倡议和民众的支持。民间深信药王有救世仁心，他们是普通百姓祈求生命安康、祛病禳灾的寄托。

随着药王信仰的流行，人们以药王庙为依托，在庙内及附近开展祭祀和贸易活动。参加庙会的人非常多，大多以求拜药王神为主，也有的以娱乐游赏为主，有的以药材贸易为主，活动盛极一时。

据记载，自清康熙十八年（1679）起，杭城中药界会于每年的农历四月二十八日（相传是神农氏诞辰）在吴山药王庙举行集会，活动内容很丰富，包括祭拜药王、戏班唱戏、庙会庆宴、药王巡市、交流医术、事务商讨、药材交易等，百姓会在会期带着香烛上庙烧香，祈祷药

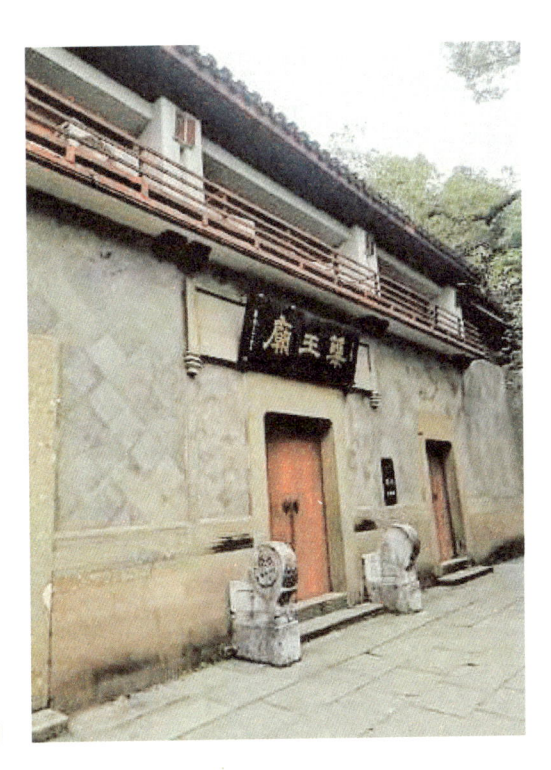

药王庙正门

王保佑自己和家人健康平安。

药王庙也成为药品交易、药材贸易的场所，进而形成了独具特色的药王文化。

古代人习惯将那些有高尚医德和精湛医术的医生都尊为"药王"，一方面是期望借助药王神灵的力量祛除病患，另一方面也是将"有功于民则祀之"的祭祀传统发扬光大。

随着时代的变迁，曾经兴盛一时的药王庙也逐渐改作他用，庙址上建起了先贤堂，陈列了许多杭州历史上有功德于地方的名人蜡像，成为吴山新景点之一。

药王祭祀已然成为民间的社会记忆，虽然没有了形式上的祝香祈祷，但相信药王有济世救人精神的信仰还是根植在人们心中，就像名医信仰永远在我们心中一样。

参考文献

1. 洪尚之、阮浩耕：《西湖寺观》，浙江摄影出版社，1992年。
2. 〔南宋〕吴自牧：《梦粱录》卷十四"东都随朝祠"，《知不足斋丛书》本。
3. 廖玲：《清代以来四川药王庙与药王信仰研究》，《宗教学研究》2015年第4期。

温元帅庙
——驱瘟除疫，民间愿望

瘟疫一直如同一个幽灵，始终缠绕在人类历史上，那种恐惧的感觉仿佛可以瞬间从毛发渗透到全身，魑魅魍魉，影影绰绰，似有若无，似无若有，让人不知所措。

古代的人们面对各种瘟疫，可以说绝大部分是毫无办法，他们只能通过一定的仪式来祈祷驱除疫病。

但瘟疫却从未远离过。比如宋朝，就是一个瘟疫高发的朝代[①]。

单是从公元960年到公元1127年间，至少发生过14次疫灾。宋高宗南渡杭州后，一些人带病逃难至江南，江南潮湿温暖的气候助长了瘟疫的流行。

据《宋史·五行志》等记载，公元1131年，"浙西大疫，平江府以北，流尸无算"；公元1142年和公元1146年，临安又接连暴发疫情；公元1151年，永嘉（今浙江温州）暴发了一场大型瘟疫，"被害者不可胜数"；公元1156年，临安又再次发生"大疫"。仅绍兴年间就发生了六次疫灾，弄得南宋王朝措手不及，只得连连祭祀祈祷。

[①] 韩毅在《疫病流行的时空分布及其对宋代社会的影响》中记载，宋代发生疫病204次，其中疫灾49次；邱云飞在《中国灾害通史（宋代卷）》中记录了49次疫灾，其中北宋14次，南宋35次。

正是在这样的背景下，温元帅应运而生。

一、温秀才跳井，以身试"毒"

温元帅在宋代被视为是一位可以预防传染病并且消灭疫病的区域性神祇。这样的认知起源于宋代浙江温州平阳县，后又传至各地，相传温元帅姓温名琼。

据《杭俗遗风·时序类·元帅会场》记载，故事是这样的：

传说温元帅原是前朝的秀才，是来省会杭州参加乡试的。当时他借宿在一家客栈，那客栈里有一口井，周围的百姓时常来打水喝，是当地的生活水源。

白天他偶有闲暇，便喜欢与前来打水的百姓谈天说地，了解杭州的风土人情。晚上万籁俱静之时，他则在烛光的陪伴下，研读四书五经。

一天夜里，窗外突然起风，阴风阵阵，几棵古树在月光下影影绰绰，显得古怪又鬼祟。屋内的烛火仿佛也受到风的影响，不时左右摇晃，显得很不安分，温秀才觉得乏了，便准备休息。

正当他准备吹灭蜡烛时，忽见窗外井口附近有黑影蹿出，好像还不止一个。他以为是自己睡眼蒙眬，看不清，便又揉了揉眼睛，只听寂静中传来微弱的声响。

"快，快，整包倒下，整包！"

"等明天他们打了水，嘿嘿，瘟疫就能散布到全城了！"

"动作快点！快点！"

随即又听到窸窸窣窣的声音，像是在拆着什么。

温秀才有些慌张，又怕真有人捣鬼，出什么意外，便披了件外衣，深吸一口气，打开门悄悄往水井方向走去，想一探究竟。可没走几步，黑影便消失了。再走近井口时，只见月光照射下有些许粉尘漂浮在水面。

这一切好像在告诉他，刚才不是梦。

温秀才狠狠地捏了捏自己的脸颊："哎哟，好痛，刚才不会真的是有人下毒吧，这浮在井水表面的粉尘也太奇怪了。瘟疫？如果真是瘟疫，该如何是好？"

他呆坐在井边，久久不能回神。

"让大家不要喝井水？可这是周边百姓日常最重要的生活用水，谁会听我的呢？"

"我此番来杭州参加乡试，为的是做举人，哪里管得了这些事。可他们万一真的中毒了，又该怎么办呢？读书人考试做官为的又是什么呢？"

温秀才很矛盾，内心反复挣扎。

"古人云：修身，齐家，治国，平天下。我当官不就是为了这一方百姓吗？我不能眼睁睁看着他们中毒，要想办法告诉他们。"

想到这里，温秀才站了起来，绕着水井走了一圈，又呆呆地望了一眼遥挂在天际的皎洁的明月，抱了抱那几棵粗实的大树，仿佛是在做最后的告别。

扑通一声，温秀才一头扎进了井水中，他选择了最惨烈的方式。

第二天，晨光微曦，东方渐白，吱嘎一声，院里开了门，有百姓陆续前来井口打水。

"来人啊，来人啊，有人跳井了！"只听有人慌张地大声叫喊。

没过多久，井口便围了很多人，七手八脚地开始打捞。只见全身湿漉漉的尸体，手掌、脖颈一片青色，像是中了毒。把尸体翻过来一看，居然是温秀才。

大家很是诧异，不知平日里与人为善的温秀才为何会毙命于井中。

有人请了仵作前来。

仵作细细查验，用银针一试，银针发黑。他又让人打来井水，发现井水有毒。此时，有人发现一条小狗在舔舐温秀才的尸体，不一会儿，小狗狂躁起来，没多久就口吐白沫死了，身上也渐渐显出青色。

"啊，这要传染的啊，快跑啊！"人群中，有人开始恐惧地喊道，接着便骚动起来。

"大家不要慌，静一静，静一静，听我说！"说话的是一位老者，平日里与温秀才有过几次接触，深知他的为人。

"这井中之水有异常,不能喝了。温秀才暂居客栈多日,从未与人有仇怨,且为人仗义,心系百姓。这次突然暴毙于井中,他应该是想以身示警,告诉大家井水有毒。我们要赶紧把这井口封住。"

后来,人们为了纪念温秀才,便在井所在的地方建起了一座庙,叫旌德观,俗称温元帅庙,温秀才也被封为"东嘉忠靖王"。

宋代瘟疫一直较多,杭城的百姓总是习惯前往温元帅庙,祈求神灵保佑,减少灾患。因大家对瘟疫的恐惧极甚,同时又对温元帅舍己为民、舍小我为大家的精神所感动,所以杭城有好几座温元帅庙。

温元帅像

旌德观是老庙，被称为有财有势老元帅；上仓桥的忠靖观，民间称有势无财仓元帅；清河坊童乘寺，被称为有财无势童元帅；还有所谓"活脓倒臭"皮元帅，因其庙在皮市巷；等等。"老元帅、仓元帅、童元帅、皮元帅"等虽然说法不一，但其实指的都是温元帅。

二、"温"郎中行医旌德观

温元帅庙在杭州如此盛行，备受百姓推崇，与明末清初发生的一件驱瘟辟邪的怪事有些许关联。

那时，鼠疫与旱灾在中国各地暴发。有文字记载，那真是"一望极目，田地荒凉"，"满目榛荒，人丁稀少"，中原大地哀鸿遍野。

接踵而至的天灾和人祸，让不少河南一带的北方人逃难到江南。

饥饿和劳累让他们中的不少人在逃难途中便离世了，好不容易抵达南方的人中也有不少因染上疾病而生命垂危，他们只得流浪街头，等待命运的眷顾。

据《万历杭州府志》卷十九《风俗》记载，明后期的杭州城"民居栉比，鸡犬相闻"，是极为繁庶的。

当时也有个"温"郎中在旌德观行医，时常接济穷人，免费医治。

温郎中其实不姓"温"，本姓"文"，因他常在温元帅庙附近行医，且医术高明，祛病有方，久而久之老百姓便称其为"温郎中"了。

时常有老百姓问他，为何将行医之地选在旌德观，是否有什么说法？

温郎中通常笑而不语。直到有一次，一个疑难病人康复痊愈，拿来一壶好酒相赠，他一时兴起，喝得畅快，才与人讲起小时候的梦。

他说："我祖上乃温州人，小时便听祖父讲过温元帅的故事。到了父亲这一辈，举家迁到了杭州。到杭州后不久，我做了一个梦，梦到天神要降瘟疫于齐鲁大地，为的是监察世间不忠不孝、杀生害民之人。温元帅领命，可这小小的弹丸着实厉害，可杀害千人，千人之死又害及千家，况且气候变化，借毒行疾，不知要殃及多少无辜之人。温元帅不忍，再三思虑。后来他自行服下药丸，以一人一身代替千人受过。就是这样一个梦，让我对温元帅极有感情，或许冥冥之中有些许缘分。"

温郎中讲得绘声绘色，大家知道这段往事后都传言他是温元帅转世。

逃荒至杭城的难民听闻温郎中的名声后，也纷纷赶来求医。

那年正值六月，暑气渐甚，潮湿、闷热充斥着整个杭城。

话说有一对逃荒的病人，还未见到温郎中，已在旌德观前跪下，大声疾呼："温大夫，温大夫，求您救救命，一定要救救我们！"说完便开始痛哭起来。

温郎中听来人哭得悲切，便命人先将其领入观中。只见是一对母女，骨瘦如柴，衣衫褴褛。女人领着女儿上前，扑通一声跪地哭诉："温大夫，求您救救我的孩子！"

只见那小女孩神情乏力，耷拉着脑袋，没有气力，仿佛随时会被风吹倒。

温郎中赶忙让她们起来："赶紧起来说话，不要急，让我先看看。"于是伸手想去拉小女孩。

刚一伸手，便见女孩手臂上满是大小不一的红斑，温郎中大惊问道："这红斑从何而来？"

"大夫，我们是从北方来的，这几日刚刚安顿下来。这红斑是前两天突然长出来的，女儿一直喊痒，人也一天天消瘦下去。这可怎么办才好，大夫，您一定要救救我们啊！"女人带着哭腔说道。

"是这两天突然长出来的？吃过什么还是去过哪里？"

"我们都没东西吃，这几日挤在城外的一间破庙里，吃的都是树根、树皮。"

"你说挤在城外一间破庙里？"

"是的，都是从北方一路逃过来的乡里乡亲。"

"带我去看看。"

"大夫，我的女儿怎么办啊？求求您先救救我们！"女人不解地喊道。

"你女儿很有可能染了瘟疫，我……"

"瘟疫？这可怎么办？"女人急得哭出声来。

"别急，别急！"温郎中摆摆手，示意她不要哭了，"你先带我过去看一下。我要看一下病源，才能对症下药。"

于是，他命人拿了药箱，随女人来到了城外的一间破庙里。那真是间破旧的庙，半边已经坍塌，黄色的土墙裸露在外，一副摇摇欲坠的模样。

里面挤了很多人，横七竖八地躺着，有些人用破布遮住一小块地方，算是自己的空间。躺在那里的人有些神情呆滞，有些表情痛苦，有些不断抽搐呻吟。

看到有背着药箱的大夫过来，大家都涌上前来，纷纷跪地哭喊："是郎中吗？求您救救我们这些可怜人啊！救救我们！"

温郎中被眼前的场景震撼到了，国家不宁，百姓遭殃，都是流离失所的可怜人。

他大声喊道："大家静一静，静一静！不要急，容我先看一看，问一问，大家先坐好。"

于是，温郎中开始一个个仔细询问，吃了什么，去过哪里，有何病痛，又细细查验了他们的身体情况，发现有好多人身上都有红斑，尤以小孩和老人偏多。

"各位乡亲，你们不少人身上有长了红斑，你们知道谁是第一个长出来的吗？"大家相互看了看，像是都不清楚。

"是葛二他爸！"忽然，一个响亮的声音从凝滞的空气中蹦出来。

"他爸前两天去世了，身上都是红斑，葛二说他爸在路上吃了好几只老鼠。"说话的是个小个子男孩。

这一下，大家都应声附和："是他，应该就是他，得病死了。"

"葛二在吗？"

"他跑城里去了，他爸死了，他也不回来了。"

温郎中心一惊："不好，怕是要传染很多人了！"来不及多想，他准备立即回去调理药方。

"大家的情况我已经了解，过几日我会派人送汤药过来。这是瘟疫，大家不要四处乱跑，容易传染。"温郎中转头又对女人说，"你先跟我回去，我先配服汤药给你女儿。"说完，便马不停蹄地离开了。

晚上，温郎中调了汤剂给小女孩服下，又开始翻阅古籍。他知道，如若这服汤剂无效，他只能拿出家传秘方了。

他祖上世代为医，尝遍百毒，有异于常人的体质，先祖更是吃过虎豹之胆，血液里有十毒九解之功。如若此番瘟疫来势凶猛，普通药剂无法控制，便只好放血做药引来治疗了。

第二日清晨，他前去探望小女孩，红斑不仅没有消退，反倒加重了。"大夫，大夫，求您再帮帮我们。"说完，女人又跪下了。

温郎中赶忙起身扶起她，神情复杂地苦笑了一下："好，好，我一定会帮你们。"

回到家，温郎中在屋里静坐了一会儿，又去旌德观祭拜了温元帅许久，心知冥冥之中的定数到了。

温郎中又配了一服汤药给小女孩服下，过了两天红斑便渐渐消退了。女人带着女儿拼命磕头感谢他的大恩大德。

温郎中赶忙把她们扶起，苦涩地笑道："也许是温元帅保佑你们的。回去好好休息，我的仆人会去破庙把汤剂发给大家的。"

后来，城里身上长了类似红斑的人都来找温郎中求救，温郎中一一相救，疫情渐渐被控制住了。

大家的病慢慢好了，温郎中自己却日渐消瘦，形容枯槁，脸上越来越没有血色，没多久便悄然离世了。

众人不解，纷纷上门询问缘由，仆人忧伤地说："老爷是用自己的血为引子配药给大家服用，才控制住了疫情。"

大家听后纷纷落泪，感念温大夫的良善之心，都说他就是温元帅转世，是温元帅显灵。

三、元帅庙会，从民间信仰到民俗文化

温郎中的事发生后，杭城一带对"驱瘟除疫保平安"

的温元帅愈加信奉了。例如，每年农历五月十八，住在杭州湖墅的民众都要举行元帅庙会，以此来纪念驱邪逐疫的温元帅。人们先是从草营巷的元帅庙内请出温元帅坐像，接着便是出会巡游，上至武林门，下抵北新关，观者如云。

出会之日，全城七十二班轿夫，每班四五十人，均穿一色衣帽，抬着元帅坐像巡行。巡行事先已确定好路线，每到一处换肩，称为"升驾"。巡游队伍有幡竿、香炉、高跷、龙灯、台阁等四五百起，鼓乐齐鸣，鞭炮轰天，浩浩荡荡，轰动整个杭城。据说，元帅巡行，称为"收瘟"。夏秋为疫疠横行之际，老元帅会亲自出会，驱瘟辟邪，保全境平安。

元帅庙会上还有各色表演角色登场，这在古时一方面有教化百姓、扬善惩恶的作用，另一方面也是引导人

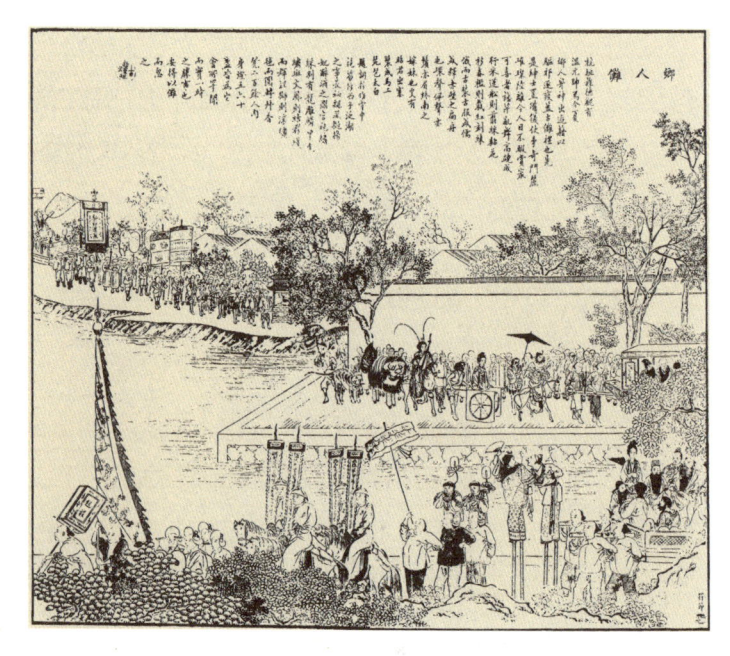

清朝时杭城温元帅庙会时的情景

们在迎神赛会中强化防病意识、加强身体素质。

温元帅祭祀庙会逐渐成为一种民间信仰流传下来。

如今在拱墅区墅园之北，紧贴着信义坊巷，我们还能找到草营巷。在巷子的西面，靠近莫干山路的地方，有一块石碑卧在小花园的草丛中，碑上就写着"温元帅庙遗址"。

时代变迁，沧海桑田，科学发展，人们看待瘟疫也愈加理性，科学防治的理念更加深入人心。祈祷温元帅驱瘟辟邪作为一种民间信仰也渐渐成为一种美好愿望，成为民间民俗的重要组成部分。

2007年，余杭区南苑街道被授予"元帅庙会"传承基地。在南苑街道的引导创新下，庙会活动成为群众展现民间文化艺术的大舞台，有掮彩炉、大刀、白神班、马灯、抬阁、滚灯、采莲船、舞龙、舞狮、火神会、变脸等许多民俗表演。演出队伍所到之处，热闹非凡，叫好声、鼓掌声、欢笑声此起彼伏，下沙、海宁、杭州主城区等地的群众都纷纷赶来观看这场民俗狂欢。

2009年6月，"元帅庙会"被列入第三批浙江省非物质文化遗产名录。2014年，余杭的元帅庙会入选第二批浙江省传统节日保护基地名单。

秉持信义、积德扬善的旧时印记依然牢牢镌刻在世人心里，稍加掸拂，薄尘散去即清晰生动。

参考文献

1.李铁松、潘兴树、尹念辅：《两宋时期瘟疫灾害时空分布规律初探》，《防灾科技学院学报》2010年第3期。

2.《钱塘元帅庙会，杭海两地特有的民间艺术节》，杭州网，2019年6月19日。

3.韩松涛：《道教与民间信仰中的温元帅》，《温州道教文化的传承与发展文化论坛》，2013年。

以桐为姓 结庐而居
——行医济世，万世景仰

元代诗人俞颐轩写过一首《桐君山》，一句"潇洒桐庐郡，江山景物妍"，用"潇洒"二字为桐庐立下了千年的城市品牌。

说到桐庐，就一定会提到桐君。据南宋祝穆的《方舆胜览》记载，昔有人采药结庐于桐木下，指桐为姓，故山名桐君，郡名桐庐。

桐君祠

文献中说的这个人便是我们今天所说的"桐君老人"。为了纪念他,人们还在位于桐庐县城东门外风景秀丽的桐君山上建了一座桐君祠。

祠内端坐着的塑像就是桐君老人,白髯飘飘,笑容可掬。塑像后面的壁画上,又有华佗、李时珍等历代名医的画像,堪称一部"历代名医谱"。柱子上镌刻着一副对联:"大药几时成,漫拨炉中丹火;先生何处去,试问松下仙童。"

桐君老人来去无踪影,正可谓是"先生何处去"。

一、结庐桐树下

传说桐君是黄帝时期人,距今四千多年。他曾经是神农团队中的一员,神农尝百草不是一个人,是有一个小团队的,桐君在里面负责背药篓。

小伙子吃苦耐劳,勤奋踏实,常常会为了辨别药理、药性,可以没日没夜地研究各种药物的细微差异,是个真正的药痴。

神农很赏识他。有一天,神农对他说:"小伙子啊,经过多年的训练,你的医术已经非常了得了,我也没有更多东西可以传授给你了。现在天下穷苦百姓非常多,他们常常身处病痛中而不能得救。我希望你能到南方去,去帮帮他们。"

"徒儿一定谨遵师命,心悬世人,济世救人。"

就这样,他带着神农的期望和嘱托,告别父母,告别熟悉的故土,背上常用的药包,坚定地出发了。

此时的南方很多地方尚未开化,他走过的千山万水都是艰险之旅。

他一路行,一路医,往南,再往南,行行复行行,数十年来,他救活无数人的命,积累了无数的医案。

时光荏苒,他的头发已经花白,身体也不像年轻时那般健朗。他明白,留给自己的时间并不多了,该找一个地方歇一歇了。

一个秋日的午后,阳光和煦,微风送爽,他走啊走啊,走到了一条大江边。江水清澈无比,碧波荡漾,缓缓流淌,阳光洒在江面上,仿佛浮起一层金光,梦幻至极。他又顺着江流远远望去,只见群山一望无际,江天一色,甚是壮丽。

他沿着江岸继续前行,眼前突然出现一座低矮的小山,郁郁葱葱,很是繁盛。他往山上走去,走到一半,发现东边山坳里有一大片平坦的凹地,凹地里一棵桐树

桐君亭

长得十分茂盛。

老人很欣喜："这可是个好地方啊，清幽雅静，而且附近山林茂盛，想必也有很多草药。"这么想着，他便朝那棵伞盖突出的桐树走去，打算结庐在桐树下。

日光朗照，江风轻拂。老人在桐树下搭了一座茅屋，左间休息，右间放了各色的药材，中间算是客堂，用来接待病人。春水汤汤，桐叶清香，老人满意地住了下来。

二、行医济世斗瘟神

一天，东山脚下的一位农夫上山砍柴，因身体过度劳累，晕倒在路边。恰好老人路过，他轻轻拍了拍农夫，翻了翻他的眼皮，反复按其人中，让他恢复知觉。接着他又取出随身携带的药葫芦，拿出一颗小药丸给农夫服下。没过多久，农夫便彻底苏醒过来了。

回到家后，农夫把自己的遭遇与乡亲一说，一传十，十传百，方圆数里的百姓都知道东山上的大桐树下住了位会治病的老人。

自此以后，当地百姓扶老携病忧愁而来，千恩万谢开心而去。老人不但热情接待，精心医治，而且分文不取。

老百姓问老者尊姓大名，老人便随手指了指身后的桐树："我的药都是草药，从你们这山中采来，属于取之于民，故而也要用之于民。我就以桐为姓吧，我姓桐，桐树的桐。"

从此人们便开始喊他"桐君"。

那年五月，洪水来得异常猛烈，好不容易等到洪水退去，村里田荒地白，疫病开始泛滥，而且传染率极高，半月之间，哀鸿遍野。

老百姓们束手无策，桐君老人则跑下山去，走街串巷给乡亲们治病。他看到那些病倒在路边无可依靠的可怜人，便上前诊病，然后从药葫芦里倒出药丸给他们服下。大家惊奇地发现，这小小药丸竟然能医治疫病，越来越多的人开始找他看病。

每天晚上，他都会在茅屋前生火熬药，那熊熊火焰照亮了半边天。火光中，老人悲天悯人的形象深入人心。

时间晃晃悠悠地过去，瘟疫差不多已经控制住了。

一天夜里，老人像往常一样熬完药，搓好药丸，准备休息。突然来了一个人，脸色在烛光的照映下显得很灰暗，甚至有些发青。来人一副很委屈的模样，苦苦哀求道："老人家，给我看看病吧，我快不行了！"

老人见他面色不佳、萎靡不振，心生怜悯，便说："且把手伸过来，我把把脉。"他拉过那人的手一搭脉，只觉得这脉搏时有时无，时强时弱，很是奇怪。接着便让他伸出舌头，一看，黑乎乎如铁板一块。老人心下明白，此人绝非寻常之人，而且来者不善。

老人不便询问，怕引起对方怀疑，于是假装回内屋取药，并和那人说："你这是寒邪入体，在这儿等着，我去取药。"

那人听到老人要去取药，很是高兴，连连说道："好好，有劳有劳，老人家快去快回。"

回到内屋，老人先是自己服下了一颗药丸，以防止对方下毒，接着便拿出日常给老百姓治病的药葫芦，走到那人面前，准备拔塞取药。

就在这一瞬间，那人一把夺了葫芦，恶狠狠地说道："终于拿到了你这宝贝葫芦了，这葫芦里尽是害我之物。你这老头儿，知道我是谁吗？我是瘟神，你在此处散药治病，逼得我走投无路。今天我就把话搁这儿了，你要么收拾东西滚蛋，要么我连你也一块感染了。"

老人并不慌张，哈哈大笑："我正愁你不来，要断根就必须灭了你！"说着立马上前抱住了瘟神。

瘟神顿时慌了，这么多年哪见过这样的人，自己可是瘟神啊，别人见了躲还来不及，可这老人倒好，不仅不躲，还抱住了自己。

两人很快便扭打起来，老人使了一招"老树盘根"，再来个"横扫千军"，把瘟神撂倒在地。瘟神也不含糊，一招"黑虎偷心"，直击在了老人胸口。两人互不相让，从屋内打到了屋外，始终紧紧地缠绕在一起。一不小心，双双滚下了山下的深潭。

第二天，人们来到山上，发现老人不在了，地上还有翻滚打斗的痕迹。大家急得四处找寻，却只在山崖边找到了一根红绳，是老人经常系在腰间用来挂葫芦的。

乡亲们往山下寻找，找了很久也只找到了那个药葫芦，药葫芦上还有一条裂痕，可能是他们滚下去的时候被石头撞裂的。

乡亲们站在江边，呼喊着桐君的名字，担心他遭遇不测。突然有人大喊："这江水好清甜啊，还有一股药香！"

"莫不是桐君的药丸掉到了江水中了吧？"

"这是治病的神丹啊，你们看这江水好像更碧绿了。"

于是，大家纷纷喝起江水来，喝上一口就觉得神清气爽，很多人的病也好了。

后来，人们为了纪念桐君老人，赞扬他医者仁心、治病救人不求回报的高尚品德，便把他住的东山称作桐君山，把山下的一方水土称作桐庐，而山下的那条江，也被称为桐江了。

三、桐君精神的传承

到了北宋元丰年间，时任桐庐知县的许由仪因感念桐君之德，便建了桐君祠，并绘桐君像奉祀。桐庐百姓自此便有了实际的祭祀缅怀之处，随着民间和官府不间断的朝拜和公祭活动，桐君祠的香火日益旺盛。

宋末元初时，诗人方回曾作过一首《寄题桐君祠》，前四句云："问姓云何但指桐，桐孙终古与无穷。遥知学出神农氏，独欠书传太史公。"此诗表达诗人对桐君隐姓埋名、行医济世的景仰之情。

可惜到了元末，桐君祠被毁，当地百姓悲痛不已。

元末顺帝至正年间，中原大地时常发生旱灾、水灾，瘟疫四起，百姓流离失所。加上当时元朝统治腐败，农民起义如火如荼，社会一片动荡。当瘟疫再次来袭时，人们内心恐慌害怕，十分期待桐君祠能早日重建，桐君能再显神通。

历史总是如此巧合。正当人们束手无策，特别是当北方逃难而来的人越来越多，瘟疫眼看就要蔓延开来时，有个自称是桐君弟子的人出现了。

他一身素袍，形容俊朗，谦和有礼，看起来只有二十出头，也带着一个药葫芦。此人相貌不凡，但人们见他年轻，就怕是个不入流的浪子，徒有其表，说不定还是个欺世盗名之人，辱没了桐君威名，所以开始并不相信他。

他在最热闹的街市上摆开铺子，挂了一条横幅，写着"桐君神佑，药到病除"，但人们依然不敢贸然相信。

胆大的人还当众调侃："您这葫芦里卖的是什么药？"

"不花钱的药，治病之良药。"年轻人淡定地回答。

"不要钱，敢让你治？谁敢治啊！"周围的人纷纷起哄。

他也不恼怒，淡定地说："随缘，随缘。"

接连摆了三天，也没有人敢用他葫芦里的药，在人们心里，桐君德高望重，一把白胡子尽显仙风道骨，这小毛孩虽然气质出众，但总感觉不太让人放心。

有一个住在桐君山下的跛子叫老李，因为走路总是一拐一拐的，邻里们便喊他"铁拐李"。铁拐李是个可怜人，早年丧母，好不容易娶了个媳妇儿，结果难产死了，只留下一个孩子。

父子俩相依为命，日子过得清苦，经常接受别人的接济。如今，这小孩七八岁了，可不知怎的，得了一种怪病，时常病恹恹的。铁拐李哪里有钱给儿子治病，只好到处找偏方，但一直不见好。

铁拐李听闻街上有桐君显灵，还免费治病，便兴冲冲地带着儿子去了。

他虽不识字，但见那横幅挂得高高的，旗帜昂扬的样子，心里便有几分高兴，心想：总比那些偏方强吧，至少还敢光明正大地挂个条幅。

铁拐李走过去怯怯地问道："这里治病不用钱？"

"不用钱。"

"为啥不用钱呢？"

"桐君显神灵。"年轻人说得坦荡而真诚。铁拐李心一横，想着众目睽睽之下总不能把孩子治死吧。

"你看我这娃，还有救吗？"那青年看了看孩子，示意他坐下，然后把脉、翻眼皮，一系列动作如行云流水，像个老大夫。

"可曾服用过热物？"

"热物？不知什么是热物？"

"比如说动物的胆之类的。"

铁拐李眉头紧锁想了半天,恍然道:"前些年有只山熊被我用笼子困住,后来迷了它。我想着给儿子壮壮胆,补补身,便让他吃了熊的胆。"

"症结就在于此。熊胆乃至阳之物,孩子还小,虚不受补。我给你开个方子,抓几服药,吃上半个月,定能生龙活虎。"

铁拐李将信将疑,他想自己带着儿子四处寻医找药,看了一年多,换了好几个方子,都没起一点效果,就凭他几服药,半个月能好?

虽然心有所虑,但他还是按年轻人的方子给儿子服了药。

说来也神奇,半个月后,他的儿子竟然真的恢复了活力,蹦蹦跳跳了。铁拐李赶紧带上儿子前去叩谢,不仅在闹市当众向那青年磕头谢恩,还四处宣扬他就是桐君转世,绘声绘色地向大家讲述儿子病愈的事。

就这样,那青年很快在当地扎下根来,很多人前去看病。他也不负众望,以济世救人为己任,帮助百姓。

过了几年,明朝初定,天下太平,那青年便离开了,谁也不知他去了哪儿,只有那写着"桐君神佑,药到病除"的横幅还安安静静地挂在他家门前。人们纷纷感慨这青年真是桐君显灵,危难之际救百姓于病痛中。

明洪武中,桐君祠得以重建,并恢复了朝拜和公祭活动,香火依然繁盛。

随着时代的发展变迁，桐君精神逐渐成为桐庐精神的代表，人们在内心始终相信医者仁心的博大济世的胸怀。桐君文化的影响力也愈加深远和宽广，其不图名利、山高水长的隐者之风，其心悬世人、救苦救难的慈悲之情，其上善求真、为民为众的济福之心，始终存在于民众心中，渐渐成为一种民间的精神信仰和心灵寄托。

参考文献

1. 王樟松、李龙、徐小龙：《桐庐民间传说故事》，杭州出版社，2017年。
2. 陆春祥：《桐树下的茅屋》，《光明日报》2021年9月16日，第13版。

第二章 敬主守业

伍公庙
——抵御水患，潮神信仰

天空乌云密布，狂风骤起，仿佛马上就要黑云压城，江上持续传来浪潮的怒吼声。江潮初来时如银线，顷刻间，便如雪山倾倒，声如雷霆，巨浪滔天，远在吴山都能听见。

杭城百姓见怪不怪，齐齐聚拥在钱塘江岸观潮，人声伴随着浪潮声，一浪高过一浪，好不兴奋。

八月十八观海潮，亦成了现代人的狂欢。

去钱塘江观潮由来已久，但直到南宋，农历八月十八才正式被定为观潮节。

那时交通不便，有性急的杭州人，八月十一便动身去看潮，就是为了占个好位置。到了十八日，杭城已是万人空巷，从庙子头到六和塔，所有的楼屋都出租给了贵戚内侍看潮。沿江十余里，摊贩林立，水果糕点、风味小食、酒菜卤味、南北土货、工艺特产、书籍字画，应有尽有，完全成了集市一条街。

如此火爆的观潮活动，据说是跟伍子胥有关。

一、伍子胥蒙冤投江

钱塘江观潮活动始于大约两千五百年前的春秋时期,也就是伍子胥被杀后。每当钱江大潮汹涌而来将杭城围住时,百姓便纷纷传言:这是伍子胥生前满腹冤屈,死后愤懑不平,化作潮神,在江中乘素车白马,咆哮不息,意欲冲堤毁岸,向世人讨个公道。

伍子胥何许人也?

他是春秋末期楚国人,他的父亲伍奢曾为楚平王太傅。因楚平王听信谗言,杀害了伍子胥的父亲和哥哥,只有伍子胥幸免于难。他从楚国逃到吴国,立志复仇,后成为吴国重臣,辅佐吴王夫差。

春秋吴越争霸时期,越王勾践战败,派人向吴王夫差求和,表示愿意前往吴国称臣。

夫差一听,很是激动,自认国力强盛,引得对方主动纳降称臣。他志得意满,在朝上故作询问,言语间却已是同意越国求和。

"大王,不可,万万不可啊!勾践此人表面温顺,实则残忍。试问狠毒之人怎肯轻易屈居于他人之下?"伍子胥厉声反对。

"何以见得?"夫差有些不悦。

"大王,可曾记得当年借'种'之事?那年越国大旱,收成很差,求救于我王。我王宅心仁厚,不忍百姓流离,慷慨借种子予越。可后来我国遭灾,越国又是怎么做的呢?向其借种,越国竟将蒸煮过的种子运至我国,导致我国当年颗粒无收，饿死人无数。如此奸险背信弃义之人，如何可信？况且他有文种和范蠡辅佐，此二人谋略极深，大王不可轻信！"

夫差听完，只好拒绝了越国的求和。

可这勾践是何等人物？可忍辱负重，可问疾尝粪，可卧薪尝胆，还给吴王夫差进献了绝色美女西施。西施的到来，令夫差利令智昏，忘乎所以。

伍子胥见越国种种行迹，甚为不齿，忧心吴国将有大祸，屡次规劝夫差，使夫差对其怨恨不已。

同时，伍子胥的同乡、太宰伯嚭因嫉妒伍子胥，又收了越国的贿赂，就时常在夫差面前进谗言："伍子胥为人刚暴，无情无义，猜忌狠毒，怨恨深重，迟早会给吴国带来灾难。他的谏言不被大王所用，必怀恨在心。他还暗中把自己的儿子托付给齐国的鲍氏，为人臣子，如此做法，大王不可不防。"

夫差在小人的撺掇下终于决定除掉伍子胥。他赐伍子胥一把"属镂"宝剑，命其自尽。伍子胥自知自己已无路可走，便慷慨赴死。临死前他叮嘱属下，死后将其眼睛挖出来，悬挂在国都东门之上，他要亲眼看着越人灭吴。

夫差听闻大怒，即刻命人将其尸体装入皮袋子投入钱塘江中。从此，钱塘江里多了一冤魂。

钱塘江里的江水经常会突然间浪涛翻滚，铺天盖地汹涌而来，那阵势犹如万马奔腾，势不可当。民间传闻，那是伍子胥的冤魂在江中发怒。

明代所绘《湖山胜概》中的"伍庙闻钟"描绘的正是伍公庙之景（万历陈昌锡刊印彩绘本）

当地百姓怜悯这个从楚国逃亡而来，又被残忍杀害的忠臣，便在江边替他立了祠。每年八月中旬，百姓奏乐歌舞，以猪、羊、金、酒沉入江中祭奠，并且烧海香纪念他，以期平复他胸中的愤怒与仇恨。

但伍子胥胸中那凛然的报仇雪耻之愤，哪里是几炷香能够平息得了的，江潮依旧年年来。人们也不知道该如何是好，但烧香祭拜伍子胥的习俗却就此渐渐固定下来。

世事果然如伍子胥所料，勾践并非真心投降，其野心终于在忍辱偷生七年后爆发，韬光养晦多年的越国向吴国进攻了。

可吴王夫差早就骄奢淫逸惯了，哪里是勾践的对手，势穷力竭之下，急忙遣使求和。

勾践假仁假义，让夫差迁居海中小洲——甬东，美其名曰：使其君临百家，为衣食之费。

时值八月，夫差在甬东不问世事地过了几天，每天都度日如年。月圆之夜，他独自一人外出，远远地看见东边潮水猛涨，浪潮溅起千朵白雪，一堵两丈高的白墙向这小洲涌来，弹丸之地似乎马上就要被淹没了。

夫差大惊，急忙转身逃离，猛然看见海堤上有一座庙，牌匾上是一个鲜红的"伍"字，仿佛是一把利剑，还没等他反应过来，便迅即刺进他的眼中。

夫差脸色苍白，惨叫数声，急忙奔回自己的住所。他口不言语，将自己锁在屋内，自知大限已到，便以布蒙面，缓缓抽出干将宝剑，伏剑自杀了。一代雄主就此消亡。

老百姓欢呼，以为伍子胥出了这口怒气，江潮就能平复，立即纷纷祭祀。说来也怪，江水确实平稳了一段时间。

谁知江里还有个老龙王，江水再次波涛汹涌，老百姓们深受其害，便把伍子胥尊称为"海潮王"，祈祷已经复了仇的伍公能够体恤百姓疾苦，斗一斗这个"海龙王"。

二、海潮王大斗海龙王

传说钱塘江原本由东海龙王掌管，他脾气暴躁，喜欢独来独往，时常发动钱江潮危害百姓。但他没想到半路杀出个程咬金，多出了个海潮王与他抗衡相争，海龙王忍不下这口怨气，决定把钱塘江搅个昏天黑地。

到了农历八月十八，海龙王就率领着虾兵蟹将，要与伍子胥斗法，赶走这个海潮王。

钱塘江上空乌云滚滚，海潮咆哮，江面上刀光剑影，一场血战就要开始。伍子胥曾是领兵的名将，现在又有海潮王的神威加持，海龙王哪是他的对手，战了三四个回合便败下阵来，只好灰溜溜地离开了。许多年过去了，这片水域一直被伍子胥管理着，只有八月十八时，伍公会来发发威，大潮会涌动一次。

可这海龙王怎肯善罢甘休？但无数次与伍子胥的较量，他都以失败告终。一天，龟丞相求见海龙王，胸有成竹地说道："大王请息怒，伍孽如此凶恶，抢了我们的地盘，我们不如来一个……"海龙王听了龟丞相的计谋，马上给吴越王钱镠托了一个梦，说了许多伍子胥的坏话，并叫他在八月十八那天用万箭射潮，以迫使伍子胥离开。

钱镠一梦醒来，深感钱塘江潮水肆虐终究会危害百姓，梦中所言"万箭齐发"是个好主意，于是在农历八月十八午时三刻，派了一万名弓箭手，万箭齐发，弄得海潮王伍子胥措手不及，只好暂时退兵。

但海龙王的阴谋很快就被伍子胥识破，他决定要好好教训一下海龙王。到了九月初二那天，他乘海龙王不备，怒潮齐发，海水奔涌，向乡间的各间龙王庙冲去。不多时，这些龙王庙便水漫金山，那些泥塑的龙王像也被淹在水中，成了一堆烂泥。神奇的是，老百姓的房舍田地却都安然无恙。经此一役，海龙王再也不敢和伍子胥叫板了。

在古代，人们无法理解潮涌，便认为这是某种神灵在驱动海水产生灾难，是对民间的警告。

为了抵御潮灾，人们就会向神话传说中某个具体的人物祈求福佑，所以伍子胥渐渐被民众认定为"潮神"，这是自然神向人格神过渡的状态，也是伍子胥信仰产生的渊源。

随着时代更迭，伍子胥的角色也逐渐多样化，人们从最开始的"怜悯"发展成"信奉"，他也肩负起"水神""雨神""潮神"等多种角色。

三、伍公庙祈雨求福

武周时期，朝廷发动了几次比较大的整顿"淫祠"（非官方祠庙）的活动，一下子捣毁吴楚之地事鬼之祠一千七百余所，但夏禹、吴太伯、季札、伍员四祠幸免于难，还被列入官方认证的祠庙名单。因此，杭州伍公庙的香火未曾间断。

到了唐长庆二年（822），时年五十一岁的白居易被任命为杭州刺史。那时杭州旱情严重，直至第二年七月仍未解除，老百姓叫苦不迭，又无计可施。

白居易很着急，一时间又不知该如何是好。他的下属便建议他带人前往伍公庙祭拜，伍子胥既是水神，又是雨神，司兴云布雨之事。

于是白居易沐浴焚香，戒斋三日，带人前往伍公庙，虔诚祈雨。虽然效果不是很明显，但至少也下了几场小雨。

当然，白居易并没有把敬神当成祈福消灾的唯一手段，在敬神活动之外，他积极发动百姓兴修水利、设闸筑堤、疏湖开井。他认为抗旱防涝与敬神祈福消灾不矛盾，用理性来搞建设，用敬神来宽慰百姓，两者可并行不悖。

北宋时期，杭州有个知府叫马亮，是杭州本地人，家住吴山脚下，从小便经常跟随母亲到伍公庙进香。每次去之前，母亲都非常郑重，先是在家戒斋三日，出门前还要细细整理衣裳，然后拎着盛有香烛和馒头等祭品的竹篮上山。

伍公庙的正殿中央立着伍子胥像，身穿青袍，眉目舒展，儒雅和善，一副标准的古代士大夫形象。像前设有供桌、香案，马亮母亲每次都虔诚叩拜。

有一次，马亮抬头看到正殿上方的匾额写有"赤心忠良"四字，不解其意。

母亲告诉他："伍公是个爱恨分明的人，对于恩人，可以肝脑涂地，付出一切；对于仇人，伍公刻骨铭心，必要其十倍奉还。所以伍公冤死后，日日驾着素车白马驱潮而来，要向夫差报仇。夫差死后，他就庇佑吴国百姓，不让作恶多端的龙王冲了老百姓的田地。所以老百姓都要祭拜感谢他。"

马亮似懂非懂，母亲则是念念有词，有时候是"保佑家中平安，五谷丰收"，有时候是"潮神爷保佑，庄稼有收成"。

每年的八月十八，伍公庙最是热闹，人潮涌动，场面恢宏，上香祈福者把上山的路都挤得水泄不通。

潮祭礼仪也十分庄重。那一天，人们会搭设祭台，提前置办好祭品、供礼、香烛等，等吉时一到，便由司仪掌礼，颂诵祭文，众人叩拜潮神。接着是恭请潮神出街巡游，众人手捧祭品，移步钱塘江边。他们在钱塘江边表演龙舞等，并将香烛和祭品投入江中，称之为"等潮"。潮水退去后，潮神归位，仪式结束。

从小在这种潮祭文化中长大的马亮，十分了解伍子胥信仰在百姓心中的意义。风调雨顺时，母亲就会很开心地跟他说："你瞧，今年伍公保佑，该下雨时下雨，雨水刚刚好，庄稼也长得好。"

但是，随着泥沙在钱塘江入海口堆积得越来越多，形成的喇叭口也越来越窄，由海潮的起落而形成的钱江潮越发汹涌，潮患日益严重。

马亮当了知府后，朝廷派他调兵筑堤。

母亲听了便对他讲："儿当去伍公庙拜拜，保佑你们平安。"

马亮心中疑惑："近些年潮患日益严重，实则是泥沙聚积造成的，伍公定也束手无策，何须再拜？"

"为人岂可忘本！伍公护佑我们多年，焚香祈祷可求此次筑堤平安。"听得母亲如此说，马亮便在动工前带人前往伍公庙烧香祷告，叩拜再三，祈求一切顺遂。

祷告灵验了，正式动工时，"潮为之却，出横沙数里，堤遂成"。百姓们欢呼雀跃，纷纷前往伍公庙烧香感谢。

到了宋理宗时期，潮神祭祀的活动达到高潮。宋理宗下令为伍子胥修祠，并对他的父母、兄嫂进行了追封。

到了清代，伍子胥的"潮神"身份进一步得到巩固。雍正时期，加封伍子胥为"英卫公"，每年春秋二季由守土官致祭，祭品用羊一、猪一，以三跪九叩礼行祭，仪式十分庄重。

如今我们来到伍公庙的正门，还能看到两根旗杆，据说当时杆上分悬"英""卫"两幡。乾隆下江南到杭州时，特遣使官前往伍公庙致祭，因浙省为江海奥区，实赖潮神保障，故特允守臣所请，定为江海潮神大庙。

四、"一江潮水"中的潮神信仰

随着历史潮流的不断前进，潮神文化的影响和价值也在江浙地区不断丰富，始于伍子胥，又不只有伍子胥。

我们来到伍公庙的后殿潮神殿，可以发现一个有趣的现象。中间立的是潮神伍子胥的青铜像，左右两侧画着的则是十八路潮神仿古壁画，各个朝代都有。如第一位是春秋时期的越国大夫文种，最后一位是北宋的林默，

伍公庙正门

即妈祖。这十八个人中，有些是在治理水患时做出了突出贡献的，有些是不幸死于水中被封神的，他们亦是历朝历代封的潮神，由此潮神信仰的广泛性便得到了极大的拓展。

一开始他们都是普通的凡人，但由于生前做了很多好事，或造福乡里，或舍身为民，于是人们把他们想象成具有法力的神仙。

钱塘江潮来势凶猛，常常伤人破财，古代百姓对其认知不足，且非人力所能抗衡，为了祈求江流安宁，便把这些历史上的杰出人物奉为潮神，旨在希望借助潮神的力量来保佑一方平安。

伍子胥信仰包括后面的各类潮神信仰便都是从历史的人格提升到自然的神格，因此潮神信仰就是在长期的历史发展过程中，在百姓中自发产生的一套神灵崇拜观念、行为习惯和相应的仪式制度，是百姓对"平安"最大的祈愿。

如今的伍公庙就在靠近鼓楼的伍公山上，上山时会途经东岳庙，穿过热热闹闹的吴山茶市，便是闹中取静的伍公庙了。虽重建仅十余年，但是本着修旧如旧的原则，总体风格朴素端正。伸手推开那质朴斑驳的庙门时，历史的厚重感便会油然而生。

时至今日，人们再看八月十八钱塘江潮水时，潮头

伍公驱潮像

由远而近，飞驰而来，潮水推拥，鸣声如雷，势如万马奔腾，已经没人会觉得那是伍子胥的素车白马在江上逐浪奔腾。

但说到潮神，我们一定仍然会想起伍子胥，想起伍公山上的伍公庙。科学给了我们发现自然的认知能力，历史给了我们明智晓理的判断能力，民间信仰则给了我们一定的心灵寄托。

正如伍公庙正殿前那副对联所言："千年青史鉴碧血丹心，于今告慰馨香，吴越同舟非敌国；万叠银涛驰素车白马，终古奔腾潮汐，春秋故事蔚奇观。"（王翼奇撰书）所有曾经的一切都幻化为春秋传奇故事，幻化为无形的信仰。

如果说曾经根深蒂固几千年的民间潮神信仰是古人对自然的无可奈何与美好祈祷，那么不时涌现的"弄潮儿"则是敢于跟自然斗争的无畏和勇气。

潮神殿

潘阆，一个性情疏狂的宋代文人，他在《酒泉子》（长忆观潮）一词中写道："弄潮儿向涛头立，手把红旗旗不湿。"其中的"弄潮儿"说的便在江水上表演技艺的无所畏惧的勇士们，他们一个个在鲸波万顷中翻腾，浮潮嬉弄，与大自然勇敢地搏斗。他们有的举着大幅彩旗，有的手脚上扎着五面小红旗，也有的表演踏混木、水傀儡等技艺，形态各异，勇猛无比。

苏东坡在《瑞鹧鸪·观潮》一词中写的"碧山影里小红旗，侬是江南踏浪儿"，便是对这些勇士极大的赞赏。

弄潮儿勇搏激流、拼搏进取的精神也逐步演化成弄潮儿精神。如今"竞奔不息，永立潮头"的弄潮儿精神已然构成了钱塘江文化的精髓和灵魂。

一江潮水里有着数不清的历史印记，更有不断发展的历史线条，从伍子胥传说到伍子胥潮神信仰再到广泛的多样化的潮神信仰，从神祇祈祷到海塘筑堤再到弄潮儿精神，都是人类社会发展的必然规律。

历史的车轮滚滚向前，人类的认知不断提升，但伍公庙里永远有着我们曾经的心灵寄托以及最朴素的民间信仰。

参考文献

1. 杨丽婷：《清代钱塘江潮神崇拜研究——兼论政府对民间信仰的引导作用》，《浙江水利水电学院学报》2019年第4期。
2. 祝荣生、陈忠良：《吴山伍公庙揭开面纱》，《钱江晚报》2006年8月24日，第A5版。
3. 梵七七：《杭城四时幽赏》，杭州出版社，2021年。

钱王祠
——保境安民，盛世钱塘

"典礼开始！"随着主持人庄重而洪亮的声音响起，全场肃立。接着便是击鼓、撞钟、献上来自临安的圣土和圣水、献花篮、敬香、恭读祭文、齐唱《钱王颂》、献祭舞、恭读《钱氏家训》，总共九个环节，现场庄严而有序。

这便是如今流传在杭州民间的特别的元宵习俗——正月十八"元宵钱王祭"。这是杭州的钱氏后裔们以及地方热心人士为纪念五代吴越国（907—978）钱王的功绩而开展的民间祭祀活动。

一说到钱氏家族，杭州百姓的感恩之情就溢于言表。假如没有钱王"保境安民"之策，五代杭州必会遭受大的战火；假如没有钱王"圆木警枕"，勤勉治国，便没有杭州长足的顺利发展，更没有南宋王朝富庶安定的物质基础。所以建造钱王祠并进行祭拜活动，便是杭城百姓对钱氏一脉最大的感恩与纪念。

沿着青石板甬道前行，穿过五座牌坊，蓦然竖立在眼前的便是钱王塑像。他气宇轩昂，一身正气，身披盔甲，怒视前方，让人不禁生出敬畏之情。

此尊钱王塑像乃是吴越国开国君主钱镠。正是他，兴修水利、发展贸易、保境安民，才一步步将杭州由深受水患之苦的江南小城改造成了繁华都市、人间天堂。

老百姓对他的爱戴与怀念，便是始于他的丰功伟绩，进而传颂他异于常人的传奇经历。随着时代的变迁，"钱王祭"逐渐发展成为一种民间文化，暗含着深厚的民间信仰。

功德流芳的钱王们被杭州乃至浙江百姓世代怀念，是信奉他们的"功勋卓著"，信奉他们的"为国为民"，信奉他们的"家风传承"，是民间百姓对古代君主的美好期待。

一、钱镠的发家史

那是公元907年，曾经浩瀚辉煌的大唐王朝正式覆灭，历史的车轮开始进入五代十国，杭州也迎来了"命运的转折"。

江浙一带，一位名叫钱镠的豪杰以杭州为都城建立了吴越国。经过几十年的苦心经营，钱镠和他的子孙终于把杭州这个原先地处浙西边缘的小州，建设成为两浙的中心城市。

钱家本是农耕家庭，世代以耕田、捕鱼为生。传说钱镠出生时，天有异象。

那是公元852年的春天，寒风依然凌厉，但春天已经有迹可循，青翠的绿草开始冒头，像是在等待一场勃发。

时间来到二月十六日，对历史的长河来说，这是极其普通的一天。

但对杭州人民来说，一个传奇人物就此诞生。

临安县石镜乡大官山（后称功臣山）下的临水里钱坞垅一个农民家庭里，一声嘹亮的啼哭打破了清晨的宁静。霎时，一阵红光把屋内照得通红。

不知是太阳初升时强烈的红晕还是别的原因，总之在邻居们看来，钱家红光照耀，生下来的孩子非富即贵。

父亲钱宽一听是个男孩，高兴极了，急吼吼地便想看一看这个儿子。

看到孩子时，钱宽却傻眼了，这孩子居然奇丑无比。他悻悻地把孩子给了母亲，便自顾自出去打鱼了。

邻居见到钱宽，纷纷上前祝贺："钱老爹，听说你儿子出生时伴着一道红光，这是要光耀门楣了。""钱老爹，你儿子以后必当大富大贵啊！"钱宽心里一阵烦闷，心想：还富贵呢，长得如此丑陋，别是个灾星就好了。回到家后，他越想越不安，便与妻子水丘氏说了想法：此子不祥，送人才好。

水丘氏哪肯答应，毕竟是自己身上掉下来的一块肉，又哭又闹，不让钱宽带走孩子。

钱宽一看妻子的态度，也不敢强行带走孩子，但他始终一根筋地认为这么丑的孩子以后会是个祸害，会祸及全家。

这天夜里,他烦闷极了,不断地在院子里踱步。突然,他看到院中的水井,有了主意。

第二天,天刚蒙蒙亮,薄雾还未消散,钱宽悄悄走进内室,见妻子熟睡,便抱了孩子出来。他来到井边,想要狠心把孩子扔下去。可看这口井的水幽深如墨,深不可测。万一扔下去,孩子不断扑腾,大声哭出来怎么办?而且这样把孩子扔进井里,会不会太残忍了?

正当他犹疑不决时,他的母亲踉踉跄跄跑了出来,大喊一声"我的儿啊",便猛地从钱宽手上抢走了孩子。"糊涂啊,他是你的亲儿子,你若沉了他,便把我也一起沉了!"见母亲如此决绝,钱宽只得怏怏地回答:"好吧,留下就留下吧!"这话说出口,钱宽的念头也通达了,从此便断了这个念头。

清代西湖图中的"功德崇坊"一景,描绘的正是钱王祠的风光

就这样，在祖母的保护下，钱镠留了下来，那口井也被后人称为婆留井。

渐渐长大的钱镠并不安分，虽也读了几年书，但显然对学武艺和结交江湖人士更感兴趣。他小小年纪便有一身好力气，更有一副忠肝义胆。十五岁时，因家境陷于赤贫，钱镠便辍学另谋出路。

当时正是唐朝末期，纷争四起，并没有太好的营生，苛征暴敛又十分严重，钱镠只得与朋友相约冒险以贩运私盐为生。可这一行风险极大，一旦被发现便会被官府抓捕，量大的还会被判处死刑。但为了生存，他也别无选择。

每次贩盐，他要每担挑两百多斤，经常是披星戴月、摸黑夜行，一路上绕道爬山、野餐露宿。尽管艰苦，倒也让他练就了一身好筋骨。据其后来自述，那段时日因经常跋山涉水、据险进退，最大的收获便是贴近民众、了解民情、熟悉地理、掌握天时，为后来用兵积累了不少有用的经验。

面对纷乱的时局和艰难的生存空间，钱镠到二十岁时决定参军，几年的漂泊历练已把他磨砺成了一个体格强壮、机智勇猛、能骑会射且懂兵法的优秀人才。他得到了当时的石镜镇指挥使董昌的赏识。

在与黄巢大军的对战中，钱镠潜伏突击了对方的小头目，还通过四面鼓噪形成山谷回响的方式虚张声势，成功地使敌军相信"临安屯兵八百里"而被吓退，使临安百姓免去一场兵灾。此战也成就了钱镠"初生之犊"的名声。

唐光启三年（887），败落的唐王朝授钱镠为杭州刺史，自此开启了钱镠"发祯祥以流庆于子孙"的万世之业。

时年三十六岁的他，开始把杭城作为基业经营。

为了巩固防御，也为了长远发展，钱镠在隋代杨素所筑杭州城墙的基础上多次组织扩建，同时使自己的版图不断扩大，实力也与日俱增。唐王朝覆灭后，梁王朱温称帝。为了安抚地方，他封钱镠为"吴越王"。钱镠欣然接受，昭示庆典，这也成为吴越钱氏崛起的一个象征。

钱镠成为吴越大地的国君之后，自认为功成名就，便有些扬扬自得。

他决定效仿刘邦，衣锦还乡，到老家巡游，也来一首"大风起兮云飞扬"，抖抖威风。

他带着由一万人组成的护卫队伍，耀武扬威地回到了少年时期居住的里弄。

家乡拥挤的小道被挤得水泄不通，钱镠大摇大摆地回到多年未曾踏足的家中，但他没有想到他的父亲居然不在家。

"造了这么大的声势，父亲应该早知道了。而且我已命人多次上门提醒，他又怎会不知我今日归来？"钱镠一头雾水，"难道父亲不愿见我而躲起来了，这又是何意呢？"

顾不了多想，钱镠就带人去附近寻找钱宽。

沿途走过那些熟悉又陌生的小道，钱镠感慨万千，外面的世界早已天翻地覆，此地却仍是多年前的模样，仿佛时光未曾远去，一时间竟有些泪眼婆娑。他终于在一个偏僻的角落，找到了他的父亲。

此时的钱宽两鬓已是白发丛生，皱纹在他脸上也如刻痕般愈加明显。看着父亲呆坐在角落，钱镠忙上前搀扶，并疑惑地问道："父亲，孩儿衣锦还乡、光耀门楣，您为何不愿见我？"

钱宽抬头深深地看了看这个当初差点被他丢弃的孩子，叹了口气，语重心长地说："儿啊，你想想我们是什么人家？世世代代都是农民，以耕田、捕鱼为生，从没有出现过像你这样身份高贵的人。前几日，听说你要回来，我去算了一卦。卦师说，你虽然成了吴越国的国君，但是周围都是虎视眈眈的敌人。当了国君，却不思勤政，不思保境安民，就会迎来灾祸。如今看你这么大排场回到乡里，我就担心要不了多长时间便会国破家亡，咱们钱家也会跟着你遭殃，所以我才不愿意见你。"

钱王祠五王殿

父亲的一席话如醍醐灌顶，让钱镠听了很是羞愧：时局动荡，变化多端，安能一味享乐，自当居安思危。

从此，钱镠便时常提醒自己要勤勉治国。据说，他还专门让人做了一个圆木的小枕头，枕头的两边坠上几个铃铛。这圆木枕让人睡不安稳，只要一翻身，枕头就会滚到一边，两边的铃铛就会响动，一听到响声他就赶快起身，处理没有处理完的公务。

他还让人做了一个非常大的铃铛，让宫女们拿着，若是发生军国大事，或有紧急公务需要处理，就用这个大铃铛将他晃醒。

故事传到民间，百姓纷纷赞叹，为有如此勤政之国君而自豪，都称钱镠为"不睡龙"。

二、"钱王射潮"万箭齐发

钱镠在杭州最得民心的一个举措，便是对钱江潮的治理。"钱王射潮"的传说广泛流传于民间，今天滨江区闻涛路上仍立有钱王射潮的雕像。

钱江潮患自春秋时期起，就一直困扰着杭城百姓。因潮头极高，潮水冲击力量又强，哪怕在两岸修筑海塘，也总是这边还未修好，那边已经坍塌，以至在民间出现"黄河日修一斗金，钱江日修一斗银"的说法。

当时，有人告诉钱镠，海塘难修，是因为钱塘江潮神作怪的缘故。钱王听了满肚子火，气得胡子一根根都直竖起来："什么鬼怪潮神！你们这些没用的家伙，为什么不把那个潮神拖上来宰了？"

"大王，使不得，使不得啊！既是潮神，来时都立于潮头之上，潮水汹涌，威力无边，我等凡人，既看不到，也没法捉住潮神。哪怕乘着铁打的船去捉拿，只要一碰到潮头，也会被吞得尸骨全无。"

钱镠听了，两眼火星直冒，大吼道："照你们这么说，我们只能无能为力地任凭这所谓的潮神胡作非为，任凭海堤筑了毁、毁了筑，任凭他随意吞噬我的子民了！"

"大王息怒。"一个机灵的侍从说道，"大王，我曾在一本古书里看到，潮神来去无踪影，凡人难以见其形貌，但可万箭齐发煞其威力，以防其再为祸人间。"

"万箭齐发？"钱王思索片刻，"好，我亲自去降服这潮神。八月十八这天潮水最高，水势最为凶猛，到时聚集一万名弓箭手到江边，我要去会会这潮神，打他个落花流水。"

很快，八月十八到了，钱塘江边搭起了一座大王台，钱王一早就到台上察看动静，等待潮神到来，可从军中挑选出来的一万名精锐的弓箭手，却始终没有到齐。

钱王急不可耐，正要呵斥，一名将官赶忙上前跪下禀道："大王，弓箭手们跑向江边时，要经过一座宝石山，那个地方山路狭窄，只能容一人走过，过了山还要爬上爬下，故此来得慢了。请大王息怒！"

钱王听了，喝道："啊呸，那岂不是要误了我消灭潮神的大事！"他立刻跳上千里驹，飞也似的跑到了宝石山前。

他爬到山巅向四下观望，发现山南有条裂缝，于是来到裂缝边用力一蹬，这山竟给他一下子蹬了开来，中间出现了一条宽阔的道路。没多久，弓箭手们便通过此路聚集到了江边。从此，那里便被叫作"蹬开岭"。

就这样，一万弓箭手一个个雄赳赳、气昂昂地拿着弓箭，聚集到了江岸。沿岸的百姓听说钱王要射潮，都争着要来观战助威，真的是家家闭户、人人出动，几十里长的堤岸，黑压压挤满了人。

钱王见这般声势，更加豪气冲天，忙叫人拿来笔墨，奋笔疾书："为报龙神并水府，钱塘且借作钱城。"写完将诗丢进江水中，大声叱道："潮神，你给我听着。你若执意要把潮水涌来，害我两岸百姓，休怪我手下无情！"

岸上的百姓欢呼雀跃，那声音就像雷吼一样。大家神色紧张地看着江水，观察动静。

潮神对这怒喝不理不睬，还是像往常一样，凶猛地扑了过来。只见远远一条白线，飞疾滚来，愈来愈快，愈来愈猛，等到近时，就像爆炸了的冰山、倾覆了的雪堆似的奔腾翻卷，直向大王台冲来。钱王大吼一声："放箭！"便抢先嗖的一声射出了第一箭。

接着，万名精兵，万箭齐发，直射潮头。百姓们兴奋极了，跺脚拍掌，大声呐喊助威。一万支箭射了，又是一万支，嗖嗖嗖，足足射出了三万支箭，竟逼得那潮头不敢向岸边冲击过来。

钱王又下令："追射！"

那潮头只好弯弯曲曲地向西南逃去，最后消失得无影无踪，老百姓欢喜雀跃，兴奋不已。

直到今天，钱江潮水一到六和塔附近就很快消散了，而那江水则弯弯曲曲地向前流去，像个"之"字，因此钱塘江又被称为"之江"。

钱王射潮后，钱塘江海塘的修筑工程便能顺利地进行了。老百姓为了纪念钱王射潮的功绩，就把钱塘江海塘称为"捍海塘"，并在与功臣山一水相隔的地方建起了钱王祠，让后世可以永远怀念一代明主钱镠。

三、王者的温情家书：陌上花开缓缓归

钱王射潮豪气万丈，驰骋沙场，铁骨铮铮，真英雄也。但其也有柔软与温情的一面。恰恰正是这份温情让杭州百姓更加爱戴与敬重他，英雄的侠骨与柔情为他增添了"人性"的魅力。

钱镠的原配夫人是横溪郎碧村的一个漂亮的农家姑娘。她是乡里出了名的贤淑之女，嫁给钱镠之后，便跟随钱镠四处征战，不离不弃。

虽然年纪轻轻就背井离乡，四处漂泊动荡不安，但她始终放不下故土情，丢不开年迈的父母乡亲，年年春天都要回娘家住上一段时间，看望并侍奉双亲。

从临安城到郎碧村要翻过一座岭，一边是陡峭的山峰，一边是湍急的苕溪溪流。钱镠怕夫人乘坐轿舆不安全，行走不方便，就专门拨出银子，派人去铺石修路，还在路旁加设栏杆，后来这座山岭就改名为"栏杆岭"。

有一年，钱王爱妃又回了郎碧娘家。

钱镠在临安处理政事，一日走出宫门，见那凤凰山脚、西湖岸边已是桃红柳绿、万紫千红，他突然想到与爱妃已是多日不见，不免生出几分思念。

回到宫中，他提笔写了一封书信，虽寥寥数语，却情真意切，细腻入微，其中有这么一句：

"陌上花开，可缓缓归矣。"

这是思念，是问候，也是催促其尽早归来之意，这句诗也在百姓中间广泛流传。

杭州百姓说："我们的国君是英雄的神，也是英雄的人。"

四、忠厚传家久，诗书继世长

钱镠之后，钱氏一脉依旧延续了四王。在百姓们看来，每一位钱王都算得上是励精图治，他们保境安民，为杭州发展做出了巨大贡献。

这其中的缘由，离不开钱氏家训，正可谓是"忠厚传家久，诗书继世长"。钱氏一脉的良好家风家训，不仅让这个家族得到了传承，也带给杭州百姓巨大的福泽。

钱镠告诫他的子孙："建立吴越国只是替中原王朝守卫边土，所以一定要保证与中原王朝的密切关系，要接受中原王朝的册封，不能搞独立王国。治理吴越国，一定要保证有一个安定的环境，不要经常挑起战火，要保证老百姓能够有一个和平、安定的生活环境。"

他还强调家族的发展，告诉子孙钱家不是世世代代都能做国君或做官的，也不可能世世代代都富贵，所以要学会耕田，学会纺织，都要读书。

这便是钱镠留下的善事中国、保境安民、耕读传家三条最重要的家训。

钱氏后代也一直谨记这三条家训。宋太宗太平兴国三年（978），钱俶能到开封纳土归宋，也是尊崇祖训，不愿意让老百姓遭受血雨腥风，也不愿意让杭州这东南富庶之地遭受战争的摧残。

钱王祠的建立与钱王的供奉正是杭州百姓对钱氏三世五王的敬仰和感恩，是老百姓最朴实的情感表达。

这种民间信仰里涵盖的是对"保境安民"的君主千秋之功的歌颂，也有对钱氏一脉相传的家风家训的赞扬，各种民间传说和对第一代钱王钱镠的神化更是对英雄、对开拓者的无限膜拜。传说故事真实与否并不是重点，关键是钱王祭已成为一种百姓普遍认可的英雄信仰。

如今，杭州旅游，特别是在走读西湖的自然人文旅游中，总是绕不开钱镠，那个创造杭州七十余年的繁华稳定，最后成就了宋帝国的君王。

钱王祠里也总是烟火缭绕，游览其中，氤氲之间，仿佛在向世人诉说着那个时代无尽的辉煌，诉说着那个乱世里少有的安宁与富庶。

参考文献

1. 杭州市文化局编：《西湖民间故事》，浙江人民出版社，1978年。
2. 〔明〕周清源：《西湖二集（下）》，浙江人民出版社，1981年。
3. 临安市文学艺术界联合会编：《钱王故事》，2013年。

潮王庙
——舍身为民,不畏牺牲

江南地区,吴侬软语,水系众多,水多了桥就多,有很多桥有自己的故事。潮王桥便是这样一座充满了故事和历史感的桥梁,它能把钱江潮与运河文化严丝合缝地传承下来。

钱江涌潮天下罕见,潮动时犹如排山倒海一般,破坏力巨大。有人说那是伍子胥蒙冤投江,怨气太重,日日穿素衣驱白车要来复仇,也有人说那是龙王和伍子胥在江中抢地盘,斗得不可开交。但无论是什么原因,几百年来,潮水依然猛烈,潮患日趋严重。

深受潮水之苦的老百姓想尽各种办法,解决潮患,也有许多人为此牺牲。唐朝人石瑰便是这样一位在治理潮患时出师未捷身先死的英雄。

一、石瑰筑堤,以身祭江

唐中期,杭州人石瑰住在运河边,是城内外有名的员外,家财万贯。只可惜家中人丁不旺,人到中年,膝下只得一子,取名石翰文。①

---

① 据晏殊《舆地志》(见《艮山杂志》卷二引释本诚《昭化寺潮王庙记》)所言,石瑰生于唐长庆三年(823)。石翰文系故事所需的虚构人物。

那石翰文长得眉清目秀，聪明伶俐，平日里也极为乖巧，是石瑰夫妇的掌中珍宝。但就在他十余岁那年，有一次跟小伙伴出去玩，却再也没有回来。

石瑰夫妇心急如焚，派人日日夜夜四处寻找，几天下来，两位老人竟然白发丛生。石瑰找着找着，不知不觉来到了钱塘江边。

赵阿有是江边的渔民，常年住在钱塘江边，为人十分热心。他见石瑰一身泥泞，一副失魂落魄、形容枯槁的样子，有些担忧，便上前询问："这位乡亲，是遇到什么事了吗？我们这边江风大，看样子等会儿就要下大暴雨了，您赶紧回去吧！"

"我儿前几日出去，还未曾归来，我的儿啊！"石瑰说完便呜呜呜地蒙着头哭出声来。赵阿有一听，停顿了几秒，脸色骤变，颤颤巍巍地说道："前两日是有两个孩子在江边玩耍，后来涨潮了，我们忙着离开，也没看到他们了。"

石瑰听后大惊失色，难道儿子是被这潮水冲走了？他当即恳求赵阿有帮他寻找儿子，活要见人，死要见尸，他一定要亲眼见到。

赵阿有立刻叫来了一些乡亲试着去江上打捞，搜寻多时，在离此处五里外的下游将两个孩子的尸体打捞了上来。石瑰赶过去一看，果然有一个是他的儿子，当即眼前一黑，昏了过去。

失去唯一的儿子后，这个原本殷实快乐的家就像天塌了一样，石夫人经不起中年丧子之痛，竟悬梁自尽了。石瑰也整日以泪洗面，在思念和悲痛中打发时光。

一晃一个多月过去了，朋友们来看石瑰，见他如此消沉，心痛不已，连连安慰道："逝者已逝，生者更要好好活着。石兄不妨为死者做点事，也好宽慰他在天之灵。"

"如今我孤身一人，还能做什么？还有什么可期望的呢？"石瑰一张老脸抽搐着，颤颤巍巍吐出几个字。

"怪只怪这海潮太过凶猛，石兄何不出钱修筑堤塘，堵了那水中妖孽，也算是给令郎报了仇，对百姓来说还是件大好事。"

石瑰听了，半晌不说话，只见他眼泪簌簌地往下流，最后拼命似的点了点头。

从那以后，石瑰开始陆陆续续变卖家产，筹资修塘。

他来到钱塘江边找到赵阿有，对他说："为了告慰我儿子的在天之灵，也为了日后能尽量少发生一些这样的悲剧，我决定出资修筑钱江堤塘，希望老兄及乡亲们能帮助我。"

赵阿有一听高兴都来不及，修堤塘是惠及乡里的大好事啊！

他立刻把乡亲们都召集了起来，把这事向众人一说，大家都很支持。他们还自发地组织成立了一个民间筑堤队，有钱的出钱，有力的出力，跟着石瑰修筑堤塘。

消息很快传到了当时的杭州官衙，刺史也很高兴，当即封了石瑰一个修塘总管的职位，并派了工程技术人员帮助石瑰和乡民们筑塘。

随着修塘工程的顺利推进，很快就只剩下最后约半里路长的一段堤塘了，但这也是最难修筑的一段。因为其他地方的堤塘修好后，涌潮的冲击力就都集中到了这一缺口段，所以这是一场攻坚战。

赵阿有告诉石瑰，按照以往修塘的风俗，到了最后时刻，必须要有人祭江，堤坝才能合龙。

石瑰听了摇摇头说："我们修塘的目的就是为了不使潮水危害到人的生命，现在却要用人去祭江，那不是违背了我修塘的初衷了吗？此事万万不可。"

赵阿有当然也不愿意看到有人为此牺牲，但祭江的事是祖祖辈辈传下来的风俗，宁可信其有，不可信其无，万一江中神灵发怒，会不会冲得更厉害了？

正当大家左右为难时，一个老学究站了出来，说有一本书上曾经记载，做一个真人大小的面粉人，请高僧念七天超度经，在筑堤的最后关头将这个面人丢进江里，堤塘也可修成。

大家听了这话都很高兴，毕竟用面人替代一个活人祭江，是大家都愿意看到的。

于是大家纷纷行动起来，为工程的顺利竣工努力着。

随着堤塘的逐渐合龙，潮水果然更加凶猛了，就像是一条狂暴的巨龙一样左冲右突，把乡民们一次次的努力都无情地摧毁。

此时有人喊道："祭江的时候到了。"

一句话提醒了石瑰，他急忙叫了两个乡民，让他们回去立刻将面人抬来。不幸的是，面人被两个小孩玩耍时不小心撞倒，打碎了。

众人一惊，不知该如何是好，都担心功亏一篑，这么多钱这么多人力都白费了。大家都在无奈地叹气。

石瑰见状，知道大家内心很矛盾，忽然仰天大笑："我到这里来，原本就是决心要挡住这可恶的潮水的，抱着为筑堤牺牲生命的决心，看来老天是在遂我的愿啊！"

众人还未反应过来，他便纵身跳入了滚滚的江潮中。

乡民们悲痛万分，大声呼唤着石瑰的名字，但回答他们的只有震耳欲聋的江涛声。

赵阿有含着眼泪喊道："乡亲们，大家加紧筑堤，莫要辜负了石公的一片心意啊！"

说来也怪，石瑰以身祭江后，潮水果然不像此前那么凶猛了，堤塘终于在大家的努力下顺利合龙。

老百姓感激石瑰拼死筑堤的精神，传颂他升了天有了神通，会保佑当地平安。

咸通年间，唐僖宗封石瑰为潮王，为其立庙，名为潮王庙。老百姓则集资建了座潮王桥，并在桥墩上立了四个潮王的青铜雕像。这四个雕像或昂首屹立，或以鲤鱼精为坐骑，手持降妖宝叉，威风凛凛地怒视着河心，仿佛随时准备收治水中的妖魔。

潮王桥上望运沙

二、潮王成就美好姻缘

乡贤石瑰为筑海塘，不幸牺牲，虽成了海塘史上的一场悲剧，但其在人们心中化身为潮神后，还成就过一段美好姻缘，这也算是在他身上增添了一些浪漫主义色彩，折射着人们的美好寄托。

话说南宋时，临安钱塘门外有个乐翁，原是士族大家，后来家道中落，只好在钱塘门外开了一家杂货铺。

他家有个儿子名叫乐和，小时候寄养在北新关附近永清巷的舅舅家。舅舅家的邻居喜某，家境殷实，是个大户人家，有个女儿叫顺娘，比乐和小一岁。

两人都在一个学堂里读书，学堂的小孩总是起哄打趣他们："两个姓名加在一块儿，'喜乐和顺'，天生一对。"两个小孩也相互喜欢，竟有些青梅竹马之意，还偷偷定下了婚约。

后来，乐和回到了钱塘门外的家中，二人断了音讯。三年后，清明节那天舅舅邀乐和一起扫墓，然后去西湖游玩。凑巧的是，喜老爷也带着家眷在游西湖，与乐和坐了同一条船。乐和与顺娘四目相对，却只能微微一笑，无法互诉衷肠。

乐和回去后，对顺娘思念不已。可现实如何能遂了孩童时的心愿，顺娘家境殷实，是名门闺秀，岂是穷小子可以高攀得了的。

乐和很沮丧，但听说潮王庙很灵，就买了香烛前去祈祷。他在庙里再三叩拜潮王，心诚意诚。

当晚，他便做了个梦，梦见潮王问他："年未弱冠，如何便想这事？"

乐和回答："年无长幼，其情一也。"

"当真一心一意，不变始终？"

"弱水三千只取一瓢，顺娘与我彼此中意。"

"好，缘分天定，我助你一臂之力。"潮王说完便消失了。

成年后，乐和依旧对喜顺娘念念不忘，多次催促父母去提亲。父亲不愿前往，母亲则苦口婆心地劝道："儿啊，喜顺娘确实好，只可惜我们门不当户不对，没有这样的福分。就算你父亲去提亲，也是不会成的。你还是死了这条心，我们给你另谋一门亲事吧。"

"不，我此生便认定顺娘了。我们彼此中意，潮王也说会助我一臂之力的。"

"潮王显灵,帮助咱们抵御钱塘江水我倒还信,怎么他还能帮你牵姻缘?儿啊,莫痴人说梦话!"

"我相信会有这么一天的,我跟顺娘必定是天生一对。"

父母多番劝解都无用,乐和像是着了魔一般。

很快,到了八月十八,观潮盛典来临,弄潮儿们将在波涛汹涌的江面上表演技艺,场面十分热闹。

乐和猜想喜顺娘可能会去观潮,便穿戴整齐早早便在岸边徘徊。不久,乐和在堤塘处见到了顺娘,喜家人站在一个棚子里观潮。他挤过人群,兴冲冲地跑了过去,顺娘也发现了他,但碍于她的父母都在身边,乐和只好尾随其后,远远观望。

忽然,一个大潮涌来,人群一片喧哗,数丈高的水墙直扑岸上,顺娘一不小心失足落水。

跟在身后不远的乐和一惊,立马奋不顾身跳入水中。喜老爷出重金悬赏救人,等到人们救起他俩时,已是两具相互拥抱着的尸体,叫也叫不醒,分也分不开。

乐父赶到后大声痛哭:"吾儿生不得吹箫侣,死当成连理枝耳。"又将其子对顺娘的爱慕之情,一五一十地说出。

喜老爷亦跌足道:"他两人如果能活过来,我一定成全他们!"语音刚落,乐、喜二人竟慢慢睁开了眼睛。

喜老爷见此情景，心想必有神灵保佑，不敢违背自己的诺言，择吉日为两人完婚。

明代文学家冯梦龙评价这段故事："少负情痴长更狂，却将情字感潮王。钟情若到真深处，生死风波总不妨。"

潮王神佑由此平添了一丝爱情色彩。

三、潮神信仰的历史印记

随着时间的推移，老百姓对于潮王石瑰的信奉，渐渐从抵御潮患扩大到为民除害、成就姻缘等多个方面，在他们心中，潮王不仅是护佑平安的保护神，还是能遂人心愿的神祇。周边的百姓时常进香祈祷，祈愿潮王保佑、心想事成。

潮王庙原在上塘河东，朝晖新村北段，最初名叫石姥庙，每逢潮水来临之际，家家户户都会相互招呼着，喊着"去看石姥咯，去拜石姥咯"，赶着时日去进香也成为杭城百姓的一种生活习俗。

据说连梁山好汉鲁智深路过杭州时也跑去潮王庙进香；清朝乾隆皇帝下江南时，多次去潮王庙烧香，祭拜潮王以求国泰民安。

那时庙里香火鼎盛，庙前还有个戏台，每年农历八月十八，庙里都要唱戏，连唱三天三夜。

我们曾去运河附近寻访过潮王庙，想要剥开被时光留住却又隐藏在历史尘埃里的故事，但只在运河边找到了潮王桥。

新建的潮王桥依旧保留着那份历史古韵，桥下两侧桥墩上刻有古潮王桥的历史，桥上雕栏与纹饰也显示着"潮"的主题，那瑰丽的细节，展现着后人对潮王的敬意。

见桥上有老人正闲坐抽烟，我们便上前闲聊："大爷，潮王庙在这附近吗？"

"潮王庙？潮王庙早就没了，以前是在潮王庙小学边上的。后来虽然庙还在，但渐渐以学校为中心，到上个世纪80年代初，前后大殿先后都改造成学校的教学楼和操场了，后来又建成潮王路，连戏台都拆掉了。潮王庙已经是过去式咯！"

"那太可惜了！"

"也没什么可惜的，你看这潮王桥不是还在吗？这就是历史了。"

我们哂然一笑，仿佛那个纵身一跃的民间勇士依然在，在这桥上，也在老百姓的心底里。

历史的长河浩浩荡荡，有很多东西逝去了，也有很多东西留下了。留下的可以是一块石头，一块碑，一座庙，也可以是一段故事，一个习俗，一种信仰。

潮王留下的便是一种潮神信仰，是古代科学不甚发达时，人们希望借神灵的力量来抵御潮灾而形成的民间认同。

修筑海塘、奋力抵御潮水的仁人义士被神化，是对无畏牺牲的景仰，是人们心中的神灵转世，是抵御灾害的正义化身，他们理应受到人们普遍的尊敬和永恒的纪念。

这样一种文化行为，一开始往往是民间祭祀，而后又获得朝廷的认可和强有力的推动，两者互相影响，深植于民间，历经千百年始终不动摇。

如今，随着科学技术的发展，人们对于潮水的认知更加理性，也有了更多的实际措施来抵御，潮神的信仰逐渐演化为一种民间文化和历史记忆。但是虔诚祭奠礼拜昔日为抗御潮灾、修筑海塘而壮烈牺牲的古代圣贤，不是封建迷信，而是对前辈的景仰与缅怀，也是对今人的激励和鼓舞，具有一定的现实意义。

参考文献

1.〔明〕田汝成：《西湖游览志》卷二十三，《武林掌故丛编》本。

2.《杭行记·第五季：行走运河桥·潮王桥》，https://hz.house.ifeng.com/column/hangxingji/012。

3. 姜青青：《海塘，凝聚国家力量的海上长城》，杭州网，2020年3月25日。

机神庙
——丝织技艺，百姓崇之

"东南形胜，三吴都会，钱塘自古繁华。"词人柳永的《望海潮》所述之江南形态并非虚妄。

从"户盈罗绮"便可窥见一斑。

唐宋以来，杭州丝绸就"为天下冠"。熙熙攘攘、人流如织的街市中，娉娉婷婷的女子罗绮遍身，既有"新帖绣罗襦，双双金鹧鸪"的秾丽，也有"记得绿罗裙，处处怜芳草"的清雅。

各式的绫罗绸缎如软烟轻雾，与江南的吴侬软语搭配得恰到好处，渲染着江南一带的富足和安逸。特别是唐代，堪称"丝绸盛世"，彼时的女子经常穿着拽地长裙，绣花抹胸，曼妙地展现出一幅"绮罗纤缕见肌肤"的美景。

而这丝绸的美好并非一蹴即成，而是经历了无数次的植物纤维提取与经纬交织，我们的先民才告别蛮荒，步入衣冠文明。

春蚕结茧，吐丝成布，再经草木点染、经纬镶织，每一道工序都像是一个织造梦境的过程。

从周昉的《簪花仕女图》（局部）中可窥见唐代丝织服饰之貌

先民们坚信，蚕丝可以沟通天下，人穿上丝绸便可与天对话，因此丝织技艺逐渐被世人推崇，在杭州更为盛行。这种推崇和信奉实则是对先进生产力的尊崇和信仰。

一、褚载学艺传于杭城

说到杭州的丝绸，便绕不开一个人，此人名叫褚载，是唐朝宰相褚遂良的第九代孙。

褚遂良是初唐四大书法家之一，同时也是唐太宗最信任的朝臣之一，他的祖先从河南迁到了钱塘（今杭州），所以便成了钱塘人。不过因为他反对武则天执掌朝政，最后被贬到今天的越南，死在了那里。

褚家后代都被流放到了边远地区，直到武则天死后才得以平反。

褚载先是安家在扬州，直到晚唐才又从扬州迁回到杭州，据民间传言，他曾做过一个梦。

梦中草木葳蕤，湖畔清幽，他在桥上偶遇一人，送了他一幅字，写的是"西湖东风渐绿，雁已归，人未回"，那字迹和笔锋像极了先祖褚遂良。

正当褚载想要询问来人时，对方一下便消失了，只留下一句"尽早尽早"，把褚载独自留在桥上。

早上醒来，褚载竟不知不觉泪流满面，家人以为发生了什么大事，紧张不已。

褚载定了定神，细细琢磨梦中情景，自从祖父去世，父亲一直念叨着想要回到钱塘，可惜直到去世都没有圆梦，看来现在是时候了。

于是他召集家人："确有大事，我欲举家迁往杭州。梦中先人已有昭示，魂归钱塘，再续前缘。"

家人听后，均无异议。

当时已是晚唐，黄巢起义后，中原一带战乱不止，不少百姓纷纷南迁，钱塘地区是大家梦寐以求的好去处。因梦中高人言"尽早尽早"，褚载便迫切想要成行。

他们简单收拾行囊，一一拜别扬州好友后，便准备择日出发。

出发那日，有一朋友兴匆匆赶来，与褚载道别："君此去，不知何时能再会。特送上'蕃客袍锦'，以表心意。"

褚载大喜，这可是扬州朝贡的高档丝织品，做工精美，奢华秀丽，是难得的好东西。

与友人告别后，马车行至半途，褚载忽又转了念头，命人掉头回去。夫人不解，埋怨道："这又是为何？走得如此匆匆，如今又要折返回去，岂不耗费许多时日。"

褚载耐心解释："夫人有所不知。我忽然顿悟，梦中高人所赠之字乃是写在帛之上，如今好友亦赠我以锦。广陵乃是蚕桑技术发达，丝织制品闻名遐迩之地，前往钱塘何不带上此礼。一是不忘扬州水土之恩，二是为钱塘百姓带些可赏可用之物。"

夫人听了连连点头："相公此想法甚好，此去钱塘是该带些广陵的地道之物。"

褚载的儿子听说后，立刻与父母商议，最后他们决定先回扬州，"授人以鱼，不如授人以渔"，他们要把扬州的丝织技艺传播到杭州。

褚载回到扬州后，先是拜访了当地有名的丝绸铺，了解不同品种的丝织品的品相、质地、工艺特点，还在好友的介绍下去了当地最大的丝织行，从蚕桑的养殖、生产、出丝，到多样化的织丝，再到刺绣出成品，他都一一亲历了一番。

一段时日下来，他兴致勃勃与友人道："承蒙兄之指点，扬州丝织技艺我已了解大半，谈不上精干，但也能知其一二。他日传于钱塘，此段经历必能有一定助力。"

朋友也很高兴，祝贺道："'秦地罗敷女，采桑绿水边。素手青条上，红妆白日鲜。'此情此景想必不久就能在西湖边看到了，恭喜褚兄，得偿所愿。"

褚载却皱了皱眉头，叹息道："恐怕不易。普通百姓丝织技艺的提升，如不借用器具，发展尚需时日。这与扬州专门的丝织行不可相比。"

"兄长多虑了。自泰伯奔吴后，中原蚕桑丝绸技术就被带到吴地。经过多年的发展，丝织发展早已成熟，器具的使用在民间也很广泛。褚兄可知徐州沛县的汉代画像石？"

"请指教。"

"徐州沛县留成、铜山洪楼一带，有汉代画像石，上面清晰地绘有当时踏板斜织机的使用，那东西省时省力，非常有效，当地百姓经过改良，一直在使用，在扬州也有一些使用踏板斜织机的百姓。褚兄何不前往一探究竟。"

褚载听后，兴奋不已，随即拜别友人，命人备马，匆匆赶往徐州。

再次启程回杭的时刻即将到来，回首这六个月学习丝织技艺的经历，褚载信心满满，也感慨万千。

"'蚕饥妾欲去，五马莫留连。'我辈儿孙终将魂归故里，定当谨记使命，为民造福一二，如此才不辜负祖上忠孝之名。"

就这样，褚载一家带上了全部的家当，欣欣然回到了魂牵梦绕的西湖之畔，开启了另一段精彩的人生篇章，终身与丝绸为伴。

二、"机声轧轧,子夜不休"

褚载带着家眷回到杭州,寻了祖宅,在忠清里[①]安顿下来。

他一面考察杭州的风俗民情,以期尽快融入,另一方面又四处寻访丝织坊和染坊,了解杭州丝织的特点和优劣。

他喜欢走街串巷,与百姓闲谈。他发现,东园巷附近的郊野地区,除了播稻种菜的农田,还有大量的桑园,而且以养蚕为生的农户颇多,很多江南女子平时都以丝织为业,是个发展丝织业的好地方。

于是,褚载召集了忠清里和东园巷附近的乡民,一家来一主事之人。他将扬州的绸、缎、棉、纺、绉、绫、罗等多种丝织品拿给他们赏鉴,又将扬州的丝织技艺传授给他们。特别是传授了踏板斜织机的使用方法后,小作坊的生产效率和技艺水平都大幅提升,老百姓们都很高兴,一传十,十传百,褚载的名声便流传开来了。

没多久,一些大型丝织坊也想了解褚载的丝织技艺,便邀请他前往。褚载毫无架子,欣然前往,甘为杭州丝织技艺的传播发展鞠躬尽瘁。在褚载和杭城丝织艺人的共同努力下,杭州的丝织业发展迅速,特别是东园巷一带,丝织业不仅规模大,产品质量也令人钦服,尤其是它的花色、工艺已达到出神入化的程度。杭州机坊生产的绯绫、白编绫、纹绫等,品质优良,远销各地,所织之柿蒂华纹的绫板更是出类拔萃,广受欢迎。

东园一带渐趋热闹,众多机坊、染坊、店铺、市场,都因这种神奇的织物而兴起,又似经无形之手编织,成

[①] 明代以后叫忠清巷,位于今天拱墅区新华路北段。

为这片繁华街区的生动景观。西侧的东河两岸也愈见繁盛，如河东之东营街①，街道两侧聚集了不少丝织厂坊，沿街的商店铺面杂而全、小而多，不少还是前店后厂（坊、场）的丝织坊和染坊。

丝织业成为杭州人的重要生活支柱，"机声轧轧，子夜不休"，呈现出一片繁荣富庶的景象。

三、尊重技艺

杭州的老底子织机手艺从缫丝、络经、纹样到织机，大都是父授予子，世代相传，沿袭成俗。其中那些手艺精湛的机工，又被称为"巧儿"，身价不菲。

陈简便是这样一位"巧儿"。他祖上住在皋亭山，自唐朝始便在皋亭山上种桑养蚕。随着杭州丝织业的发展，他家开始把蚕丝运往东园巷一带的机坊售卖。

特别是到了陈简祖父一辈，他们家的蚕丝因丝质光洁，品相较好，被当时的一家大型机坊看中，成为定点供货商。他的祖父为人敦厚且机敏，颇受机坊主的信任，在与机坊主的交往中渐渐学会了缫丝、络经、纹样和织机等手艺。

祖父便把这手艺传给了陈简的父亲，临终前细细嘱咐："种桑养蚕终归要看天吃饭，手艺人总是能吃上一口饭。"

陈父是个实诚人，认真听从祖父的嘱托，想要成为一名真正的手艺人，织机技艺日益精进。特别是褚载到杭州后，他更是一心跟随褚载研究学习，让陈家的丝织品成为当时的上等品之一。

①即今建国北路。

但陈父并未放弃皋亭山上的蚕桑种植营生，依然带着一家老小养蚕出丝，还特意给儿子取名陈简，"简"谐音通"茧"，意寓破茧成蝶，带来新的生机。

陈简不负众望，出师后很快便成为东园巷一带有名的"巧儿"，颇受机坊认可。后来这些民间的"巧儿"们开始把褚载奉为祖师爷，昔日的褚家祠堂被修建成了观成堂，日夜香火供奉。

丝织机匠崇拜的风气也逐渐渗透到日常生活中，"笕桥"等地名的出现也忠实记录了与丝织的密切联系，如笕桥原名为"茧桥"，可见机神崇尚在杭州变得盛行。

四、机神的诞生及影响

何为"机神"（行业之神）？就是织机之神，褚载在杭城人们心中就是织机之神。但"机神"源于何处呢？

据载，杭州人的"机神"最早源于轩辕黄帝时期。上古之时，轩辕黄帝率众战胜了蚩尤，有"蚕神"亲自把口吐丝献上以表祝贺。黄帝大悦，命人织成绢子，臣曹胡造衣，臣伯余造裳。黄帝着绢衣为礼服，大宴宾客，四方来宾观之，大为惊叹。帝妻西陵氏嫘祖（蚕神）找到天蚕，亲手养育，并教会百姓养蚕治丝之法。

从此，民间开始演绎妇女采桑、养蚕、制丝、织绢的技艺，制作出云裳般轻薄美丽的衣裳。

杭州旧时就很重视丝织业背后的工匠精神，别的不说，城内外的各座机神庙都香火鼎盛，影响巨大。

明朝初期，最早建立的是东园巷的"机神庙"，被

杭俗遗风 HANG ZHOU

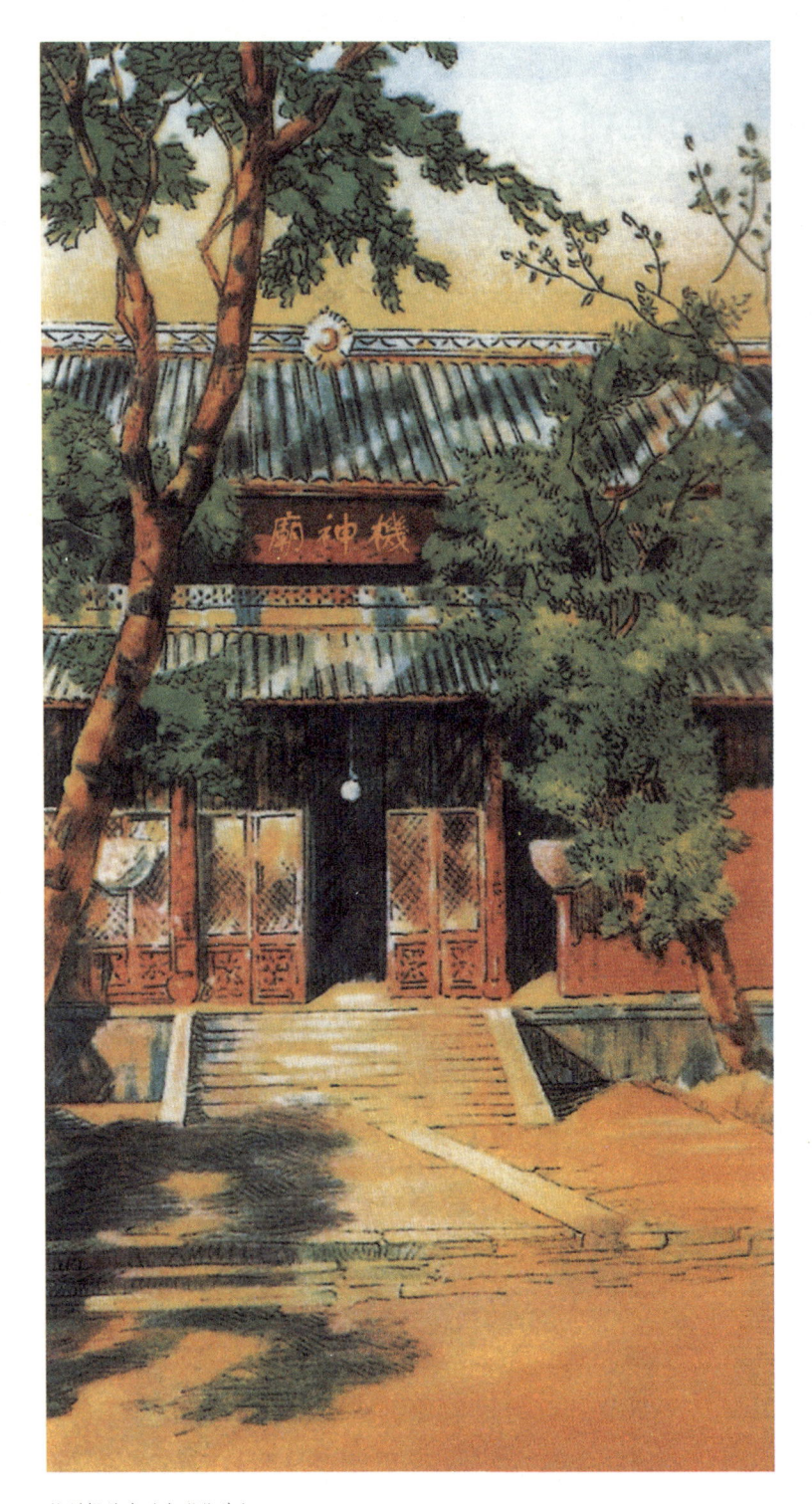

杭州机神庙（老明信片）

称为"中机神庙";褚家堂则建"通型庙"以祀,被称为"上机神庙";艮山门外的机坊主因进城交通不便,又在艮山门闸弄口建机神庙,俗称"下机神庙"。

无论是哪边的机神庙,都被附近的民众所信奉。特别是机工们,他们把自己的丝织技艺、买卖生意、机坊的发展以及自身的生活保障等都寄托在机神身上,差不多每条巷都有机杼之声,比户相闻。

每逢春秋佳日,人们用三牲五畜来祭祀,仪式隆重,意义重大。

机匠若招收徒工,也在这里行拜机神和拜师仪式。

机神庙平时有专人管理,供应茶水,开始时作为机匠和机坊主交流行情、做买卖、磋商技艺的聚会场所,后来逐渐演化成了丝绸业同业行会。

褚定便是上机神庙的专管员,他的爷爷辈原是褚载家中的一个仆人。

唐宋之际,时局变化,褚定一家便离开了褚家。但爷爷一直念叨褚载大人的忠义,耳濡目染下,小小的褚定便对纪念褚载所在的"通型庙"尤有好感,小时候便经常偷溜到庙中,看那些机工和机坊主虔诚跪拜。长大后,因自己也姓褚,他便向机神庙管事员提出想做专管员。

除了管理庙里的日常事务外,褚定最喜欢的便是听机工们交流,从丝品的质量、行情的变化到技艺的提升,褚定都认真聆听,入脑入心。

闲暇之余,褚定也不忘丝织的传统技艺,不断琢磨,不断优化，善于研究各个品种和花色。

有一次，一个机工清早前来叩拜，眉头紧皱，口中念念有词，直呼"机神佑我，机神佑我"，念着念着竟抽泣起来。

褚定好奇，便上前询问。这是个眉清目秀的小伙子，二十出头，哭得很伤心，连褚定靠近都未发觉。

"小伙子，你有何伤心之事？"

听见有人说话，小伙子赶忙用衣袖擦了擦眼睛，停止了哭泣，抬头问道："你又是谁？"

"我是机神使者呀！"褚定想要逗逗他。

"真的吗？我没有在做梦吧！"

"你有何烦心事，说吧！"褚定温和地说道。

"说了你也解决不了！"小伙子转身又跪了下去。

"我是机神使者，你怎知我无法解决呢？说来听听吧，或许就有办法了呢。"

过了一会，小伙子面色黯淡地开口了："我是涌金门这边的一名机工，父母从小就把我留在了东家，每日制丝、织绢。我们东家的丝织品可好看了，用金丝刺绣，无比富贵。"说着说着竟有一丝得意。

"那你为何伤心呢？"

"都怪我手艺不精，织绢的时候有拉线，本想用金丝穿时细细镶嵌即可，哪知不小心碰了烛火，直接烧了个小洞，虽然用金丝盖了一层，但被东家发现的话，我还是要被撵出去的，真是愁死我了！"说完又开始哭起来。

褚定想了想，想起前日几个"巧儿"在后殿讨论的事，心中有了主意。

"你先别忙着哭泣，你去把那匹丝绸拿来，我看看能不能帮你想想办法。"

"真的？真能改好？你可不要骗我。"

"拿来又何妨？权作死马当活马医。"

于是，小伙子三步并作两步，很快便从东家那取来了那匹丝绸。

褚定细细查看，上面的确有一个小洞。他让小伙子把香油成蜡后的蜡块取来，按照洞的大小磨圆，接着便用黑丝线缠绕蜡块，仔细镶嵌在丝绸上后，他便开始用金丝穿针。

小伙子看得出神，不知他要做什么。

不一会儿，褚定停下手中的针线，把丝绸铺开拿给小伙子看。"好美的金丝雀啊，那个洞成了眼睛，太厉害了，真的是机神保佑，太谢谢您了！"小伙子说着便握住褚定的手，兴奋得跳了起来。

褚定笑道："快回去吧，机神庙褚公保佑你们呢。"

这事儿传开后，去机神庙祭拜的人更多了，香火特别旺盛。机工们常在庙里聚餐、演戏敬神，极为热闹。

到了清道光至光绪年间，机工们还利用机神庙聚会，推选行业首领，采用散伙、停工、聚众评理和阻运货物等方式与机坊主交涉，争取增加工资、改善待遇、保障职业等待遇。

那个时期是行业神崇拜的鼎盛时期，也是行业组织空前繁盛的时期。

机工行会每年会在机神诞辰日举行大祭，全体机工出席，祭后举行会议，商定共同事宜。若有改定官价或者处罚犯规者等事宜，均在神前举行，以示其神圣尊严与公平无私。最后共享神胙，献戏娱神，其实也就是自娱，但可借此联络感情、加强团结。

随着岁月的磨砺，时至今日，机神庙的有形建筑早

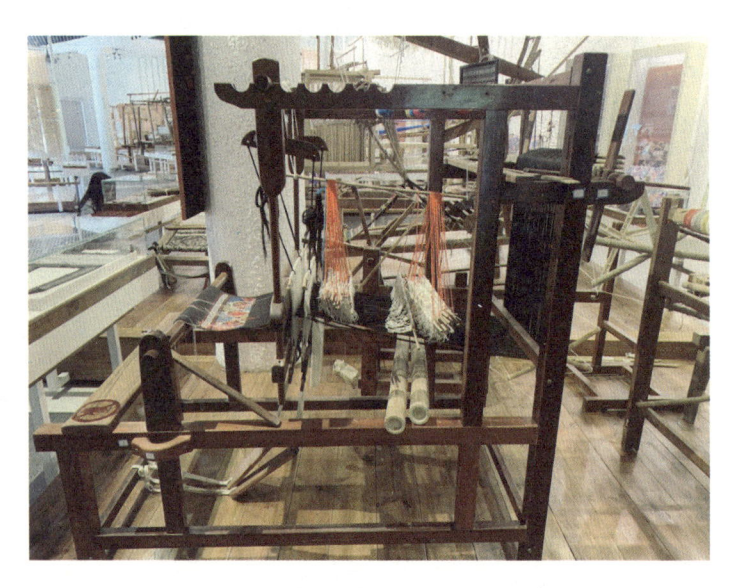

杭州中国丝绸博物馆里的丝织织布机模型

已灰飞烟灭，只有史书记载及碑刻遗存，如闸弄口"机神新村"的名字仿佛在告诉世人，机神并未完全离去。

纵览杭州丝业发展脉络和城市经济的开拓推进历程，机神信仰与工匠精神一脉相承，其实质就是对工匠精神的一种敬仰，是对先进生产力的一种崇拜与信奉。百姓通过祭拜机神推行行业崇拜，祈望事业顺遂、安居乐业，祈望能够获得充足的生活资本。

同时，行业供奉自己的祖师神或保护神，作为一种独特的民间信仰，也是社会组织的一种精神象征，在中国传统社会是非常普遍的现象。通过共同的祖师神信仰和祭祀仪式，使得行业组织的整合和维系得以实现，即形成了行业协会。

如今，你走进杭州的中国丝绸博物馆，除了惊叹于精美繁复的古代丝绸制品，还可以目睹它们是怎样被制作出来的。十三台古老的木制织布机来自不同的朝代和地区，它们便是活着的文物。

人们虽不再祭拜机神，但机神信仰所产生的精神价值却一直存在：一是丝绸协会的存在，二是工匠精神的提炼。

生产发展的车轮滚滚向前，如浩瀚的大江大河无可抵挡，但工匠精神却可以永世长存，无论哪个时代都需要将工匠的"技艺"练就得炉火纯青。

参考文献

1. 林正秋：《故都杭州研究》，杭州师范学院学报编辑部，内部出版，1984年。
2. 梵七七：《杭城四时幽赏》，杭州出版社，2021年。
3. 《杭州隐秘地图之：东园，杭州历史的一个局部》，《杭州日报》2020年4月17日，第9版。
4. 龚玉和：《杭州的机神庙与工匠精神》，《杭州》2017年第11期。
5. 邓庆平、王崇锐：《中国的行业神崇拜：民间信仰、行业组织与区域社会》，《民俗研究》2018年第6期。

月老祠
——缘分天定，心有所愿

"问世间，情为何物？直教人生死相许。"听到这样的感叹，总是让人喟然、遗憾。而看到"有情人终成眷属"时，则让人喜从心来，愉悦不已。

没错，凡尘俗世之人最期待的就是"金风玉露一相逢，便胜却人间无数"，"执子之手，与子偕老"更是人生难得的幸运与幸福。

然"易求无价宝，难得有情郎"，这世间的痴男怨女决然不在少数，而在红尘中苦苦寻觅另一半的希冀，便落在了一个老头身上。

这老头是谁？

传说他银须飘拂，慈眉善目，笑容可掬，一手执姻缘簿，一手牵红线。他会在皎洁月光下翻阅"婚卤簿"，然后不时从背篼里取出一条红绳，偷偷地系在男女双方的脚上。

他说："这红绳一系，姻缘就定了。哪怕是'仇敌之家，贵贱悬隔，天涯从宦，吴楚异乡'，都会化解，冥冥之中的缘分让他们成为夫妻。"

因这老头常在月光之下系红绳、牵姻缘，老百姓便称他为"月老"。

一、韦固遇月老，缘分天注定

唐朝时，杜陵（今陕西西安东南）人韦固，幼丧父母，思量早日娶妻生子，以续父母一脉。不料高卑不等，处处无缘，让他甚是焦虑。

元和二年（807），春和景明，生机盎然，韦固打算去清河（今河北邢台清河县）一带踏青访友。路过宋州宋城县（今河南商丘睢阳区），他见景致不错，想游玩几日，便在南店客栈留宿下来。

同住客栈的有个姓张的客人，见韦固年轻俊朗，一副书生模样，便很热情地与他攀谈，两人成为好友，一路相伴到了清河。一日，张姓客人问韦固："韦兄相貌不凡，一表人才，不知娶妻否？"

"不瞒张兄，小弟尚未娶亲。"韦固坦言。

"哈哈，看来韦兄姻缘将近了。你我同宿客栈是缘，你去清河，我也去清河，亦是缘。不知兄弟是否有娶亲之意，我愿牵线搭桥，成就一段美好姻缘。"

"不知是哪家的小姐？"

"韦兄放心，绝对称得上是良配，是原清河司马[①]潘昉之女。那潘昉原是我相交二十几年的朋友，女儿恰与你年龄相仿，且相貌才学不凡，与韦兄正相配。不知兄

[①] 司马：官名，唐朝时，司马为郡守的辅佐官。

弟有意否？"

"承蒙张兄厚爱，如真有缘分，实是我之福。"韦固赶忙作揖，连连感谢。

"无须如此大礼。明日我先去拜会，与他说道说道，后日上午我们在龙兴寺门前碰头，等我回音，如何？"韦固连连答应，喜笑颜开。

第三天五更时分，天刚蒙蒙亮，韦固便起了床，认真拾掇一番后匆匆赶往龙兴寺。

清晨的龙兴寺，薄雾朦胧，人烟稀少。韦固见时辰尚早，张姓兄弟还未到，便自顾自在寺庙边闲逛。在尚未隐去的月光下，他隐约看见一位须发银白的老翁坐在一口古井旁边，好像在翻书。

韦固很好奇，便轻轻走近，凑过去一看，那书上的字竟然一个都不认识，诧异之余不禁询问道："长者有如此雅致，淡色月光下与书为伴，只是小生熟读经书，怎一字不识？"

老翁抬眼看了看他，捋着白胡子自笑道："此非人间凡书，你如何识得？上面所载，是天下男女匹配的婚牍。"

"婚牍？"韦固疑惑万分，又连问布袋里装的是什么东西。

"袋中是红线，一绳系姻缘，夫妻缘分自来。只要红绳牵线，即使仇敌之家、贫富悬殊、丑美不等、相隔万里，都必成夫妻。"

韦固哈哈大笑，觉得荒谬，又见时辰尚早，便与他逗趣："敢问小生的妻子应是哪位千金呢？原清河司马潘昉之女可与我有缘？"

老翁见他一脸调侃的模样，便翻了翻书，含笑与他说："今日有缘得见，我便告知与你。你的妻子是宋城南店北面卖菜陈婆手里抱着的女娃，今年三岁，十六岁时将与你结为连理。至于潘昉之女，与你无缘。"

"哈哈，十六岁时？那我岂非已过而立之年，怎有此可能，定是妄言了。"见老翁不语，韦固便又故意打趣道："宋城南店离此不远，那我可否得见未来的娘子呢？"

老翁看了他一眼，含笑询问："公子真想一见？"

"那是自然，且看你是否玩笑于我。"

"那就跟我走吧！"

韦固跟着老翁来到龙兴寺附近的一个菜市，迎面走来一个瞎了一只眼的妇人，长得极为丑陋，手上还抱着一个小女孩。

老翁指了指那小女孩说："喏，那就是你的娘子。"

"哼，真是一派胡言，这女娃做我女儿还差不多，难不成我要孤身这么多年？"

"就是她了。缘分天注定，你改变不了的。"老翁说完便消失了，只留下韦固在那儿生闷气，感觉被戏弄了。

"岂有此理！我乃知书达礼之人，怎会娶乡野老婆子家的粗俗女儿为妻！"

"不可，不可，我还是趁早远离此地为好。"这么想着，他拔腿就走。

谁知他们的对话被路边的一个小厮听到了。那小厮满脸鬼主意，见到韦固愤愤的模样，便上前耳语道："公子莫慌，那老头就是个骗子。公子若是担心，小人可为公子效劳。"说完嘿嘿一笑。

"怎么效劳？"韦固诧异道。

"破了她的相，怎可能配得上公子您！"

"这恐怕不妥吧！这是要害了人家姑娘。"

"公子莫担心，只是小小一道划痕，让她配不上公子而已。"

"真的？"

"当真！"

此时的韦固已是鬼迷心窍，竟给了小厮一大锭银子，然后头也不回地离开了。

许是心虚，许是愧疚，离开清河后，韦固再也没有回到自己的家中，而是以父荫参了相州军。十多年后，功成名就，在相州刺史王泰手下当了参军。

唯一遗憾的是，娶妻之事一直没有着落，虽有好事之人为韦固提亲说媒，但都未成功。

王泰颇为赏识他，见其年长未娶妻，便想着将十六岁的女儿许配给他。王泰的夫人本不同意，深感年龄差距太大，但拗不过丈夫，最终同意将女儿嫁给韦固。

韦固一听长官要把女儿嫁给自己，自然十分欣喜，很快便定了黄道吉日。

那王氏年方二八，美若瑶池仙子下凡，韦固非常满意，夫妻二人恩爱有加，相敬如宾。

可让他感到奇怪的是，美娇娘眉目间总贴着一朵彩色纸花，晚上睡觉时也不取下，沐浴后还要重新贴上，韦固终于忍不住询问缘由，王氏回说小时候奶妈带去清

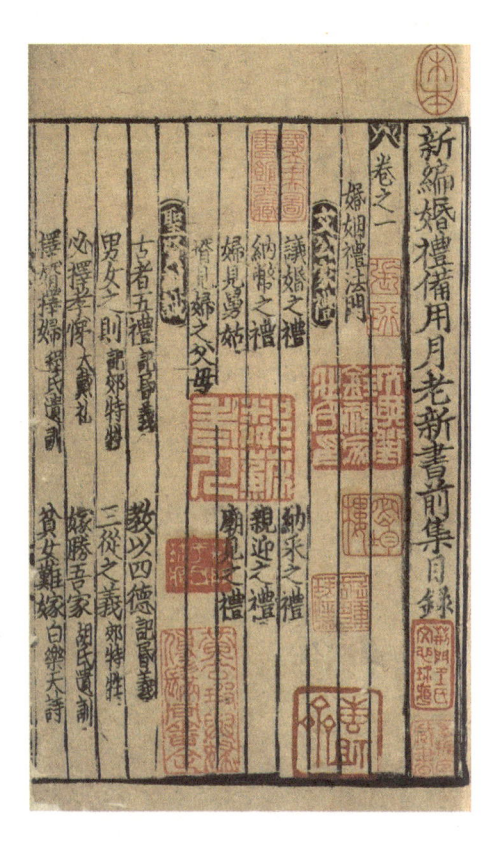

宋代的婚姻礼仪用书都冠以"月老"之名，可见月老的形象在当时便已深入人心

河一带探亲，不幸被一小厮刺伤，故贴纸花以掩饰伤疤。

韦固暗暗吃惊，又细细询问当日之事，王氏如实道来。

"天意，真当是天意。"韦固喃喃自语，接着便将当日的事情说予妻子听。夫妻二人感慨万分，深信月下老人之言，也愈加珍惜这段"天作之合"。

月老牵线的传闻渐渐在民间流传开来，老百姓们为了祈求月老带来一段好姻缘，纷纷为月老塑像，并建月老祠祭拜，月老在人们的心中渐渐成了掌管人世姻缘的神仙了。

二、月老牵线，斩不断躲不开

杭州与月老的缘分亦是不浅。

杭州在大家的心目中历来就是浪漫之都，西湖断桥上有许仙和白娘子相遇；西泠桥边有苏小小"妾乘油壁车，郎骑青骢马"；万松书院里有梁山伯与祝英台促膝并肩两无猜……西湖边的爱情故事流传至今。年轻的男男女女也都渴望能在曼妙的西子湖畔，一片水光潋滟山色空蒙中，成就一段好姻缘。

在老百姓看来，好姻缘当然要仰仗"月老"，于是杭州也建起了月下老人祠。最有名的是两处，一处位于栖霞岭北麓，另一处位于西湖雷峰塔之侧的白云庵。其中白云庵的月老祠香火最盛，也是当时杭城男女最爱的去处之一。

此祠年代久远，或许始于唐宋，或许建于元明，具体真相已无从考证。它地理位置优越，在夕照山下雷峰塔遗址西侧，可惜现已不存。

据说祠屋正中供奉的月下老人塑像，慈颜善目，笑容可掬，一手执婚姻簿，一手牵红绳，祠门上还有一副对联："愿天下有情人，都成了眷属；是前身注定事，莫错过姻缘。"同时屋内还设有月下老人龛，专为百姓求签问卜用。

月下老人祠修建后不久，便出现了一些极有趣的因缘际会的故事，引得当地百姓纷纷前来求姻缘，成为杭州求签问卜最多的地方。

这一习俗的产生据说还与一位书生有关。那是建祠后不久，白云庵来了一位来自安徽的落魄书生，住持果仁见他流落街头，心有不忍，便收留了他。

那书生几次落榜，失意潦倒，不愿见人，在庵内居住的一段时间里，总是喜欢把自己关在屋内，翻阅庵内所藏经书。

直到有一天清晨，他突然打开了门，迎着晨光大踏步地来到了果仁的住处。

他说他想明白了，万事皆有缘，功名利禄亦是缘，接着便双手奉上一堆签词。果仁不解，书生解释道："万物皆有缘，我于落魄无助时居住庵内，蒙住持照顾，亦是缘分。我见庵边上有一个月老祠，想来更讲究一个'缘'字。这段时日，我读了不少书笺，特撰写了五十五条签词，以供香客问占所用。"

果仁接过签词，细细品读后赞道："妙！甚妙！不仅雅俗共赏，而且词中之意颇可玩味！"于是他便让人将这些签词刻在竹签上装入签筒，供香客求签之用。从此，善男信女便常到白云庵月老祠为自己占上一卦，以求月老护佑。

一日正午，烈日当头，除了夏蝉在不断嘶叫外，庵内寂静无声。忽然，一位四十上下公子模样的人，穿着单薄长衫，悄然走进了庵内，朝月老祠走去。

听见脚步声，祠中解签的师父从昏昏欲睡中醒来，他定睛看了看来人，并不说话，只是示意他可以摇签筒求签。

黄龙洞月老祠

公子跪下，虔诚敬拜，签筒发出摇晃的声响，一支细细长长的签掉了出来，是上上签。

公子喜上眉梢，直接拿给师父，问道："大师，可否为我解签？"

"上上签，求姻缘吧！"

"正是，在下已是四十有余，至今未娶，听闻月老神佑，想请月老指点一二。"

"缘自天定，善作善成。有缘人就在你的行善途中。"师父念念有词。

"行善途中？这是何意？"正想再问，只见师父摆摆手，给了一句"但行好事，莫问前程"。

公子虽对签意不太了解，但因是上上签，便很高兴地回去了，深信有月老相助，姻缘可期。

时光飞逝，转眼四个月过去了，已是隆冬时节。公子安排人煮粥接济穷苦百姓，做些力所能及的善事。

一日傍晚，他在城中闲逛，在桥上遇到一位姑娘。只见她蓬头垢面，一直低头抽泣。旁边还有一位老妇人蜷缩在地，瑟瑟发抖。

他见姑娘哭得如此悲切，加之天色已晚，寒冬腊月，不免动了恻隐之心，便上前询问道："敢问这位姑娘是遇到什么难事了吗？不知在下能否帮上忙？"

姑娘抬眼，泪眼婆娑，一看眼前的公子文质彬彬，衣着打扮颇为讲究，便哭着求救道："这位公子请帮帮我们，我们的家乡闹了大蝗灾，乡人都没吃没喝，我跟母亲逃命至此。如今母亲病重，我们已身无分文，也无处落脚，已不知该如何是好了。"说完又哭了起来。

"姑娘莫急。敢问你们是从何处而来的？"

"山东鄄城。"

公子一听，心头一热，原来是老乡，那更应出手相助了，于是相邀道："姑娘若不嫌弃，可去我家里休憩一段时日，等老人家病好了再做打算。"姑娘连连磕头表示感谢。

在公子府中安顿下来后，姑娘母亲的病日渐转好。

姑娘为表感谢，总是在府中争着干一些杂活，还为公子做了很多家乡菜让他品尝。日子久了，两人竟渐渐生出些别样的情谊。姑娘眼波流转间，总有几分娇羞与试探。

公子也有此意，但怕唐突了佳人，便找来了媒人。媒人一捅破这层纸，双方自然是水到渠成。

人逢喜事精神爽。有一天，公子与朋友在西湖边游玩，想着离白云庵不远，便再次前往月老祠打算还愿。

此时已近日落，请香祈愿的人不多，祠里显得很冷清。

忽听有人喊道："公子可好？姻缘来否？"

他回头一看，是个老头，白发白须，面目慈祥，有些眼熟，又想不起是何人，便客气问道："不知您是哪位？我与您可曾相识？"

"哈哈哈，公子真是贵人多忘事，十二年前的事公子还记得否？沈员外家的长工。"

公子心中疑惑："他怎知我身份？"又仔细看了看老头，方才回想起多年前的往事。

那时他还是沈员外家的长工，负责沈家的夜间巡逻。有天夜里抓了一个偷油的老头，他非要把老头抓去见官。

老头却不慌不忙，捋捋白胡子，镇定地说："我是月老，是来为你配姻缘的，那油是抹在了你东家闺女的头上了。给你牵了红线，你的姻缘就是她。"说完就不见了。

他当即蒙了，自己孤身一人，家中一贫如洗，二十多岁娶不上妻，这老头竟说他的妻子是东家女儿。而且那东家女儿才十几岁，听说生下来就得了一种怪病，光长肚子不长人，成天躺在床上，出的气多，进的气少，真真是一个活死人。东家早已把她放在柴房，任其自生自灭了。

但这老头怎么就消失了呢？他有些疑惑，便想去看个究竟，看看柴房里的小姐到底怎么样了。思忖再三，乘着夜色昏暗，他摸进了柴房。但他又心虚，不知是怕蛇虫鼠蚁还是什么，鬼使神差地提了把刀防身。

走进柴房，只见小姐正在鼾睡，盖着被子的肚子鼓得很高，就像是有身孕的女人。他很好奇，想掀开被子看看，谁知他一掀被子，小姐醒了，大喊一声，他吓了一跳，一不小心，那把刀便落了下去。

他吓坏了，怕伤到了小姐，拉开门撒腿就跑，家也不敢回，一路逃难似的逃到了杭州。

到杭州时，因为又饿又累，又担心伤了人，他昏倒在了路边，是这里的一位老员外救了他。老员外无儿无女，收留他后，见他为人实诚又勤劳肯干，便认了他做干儿子。再后来他就成了这宅子的主人了。

回过神后，公子哈哈大笑，对着老人说："此番又是何事？"

老人微微一笑："缘分已定，当择良辰吉日成亲。"说完又消失了。

回到家中，公子觉得蹊跷，姑娘也自鄄城来，难道真的会是那位小姐？但看着即将成婚的娘子身体健康，丝毫没有病态，怎么都不能与当初那个病恹恹的小姐联系到一起。罢了，罢了，公子不再多想，一心准备婚事。

洞房那晚，当新娘掀开肚兜的时候，公子惊呆了，原来她的肚子上有一道深深的疤痕。这是怎么回事？

不问还好，这一问，妻子不觉泪水涟涟，慢慢讲起了自己小时候的故事，最后叹口气说道："一天夜里，也不知是谁捅了我一刀，奇怪的是，就是那一刀去除了我的病。"

听到这里，公子再也忍不住了，轻轻地把妻子搂在怀里，说道："你知道那刀是谁的吗？是我的！"这次轮到姑娘吃惊了。于是公子就把如何抓到月老，如何不小心把刀落下伤了她，又如何逃跑的事说了一遍。

两个人越说越觉得稀奇，越说越激动，深感缘分天注定，是你的逃也逃不掉，不是你的抢也抢不来。

公子的传奇经历很快在杭州传开，善男信女们纷纷前往月老祠，祈祷月老牵线，能有一段好姻缘。

如今因白云庵月老祠已不存在，很多人便跑去位于栖霞岭北麓的月老祠，它也是今天黄龙洞景区的主要景点之一。祠内正中立有月老塑像，两旁有两幅壁画，左边是明代才子唐伯虎点秋香三笑姻缘的故事，右边是唐代状元郭元振牵红线选宰相之女为妻的故事，寓意着人们对美好姻缘的追求。

三、珍惜缘分，"缘"源不断

月老从一个个传奇的民间故事逐渐演变成为独特的文化标识，充满了浓厚的浪漫主义色彩。他是人类丰沛感情的高度浓缩，反映着一个区域内共同的心理，牢牢扎根于民间，进而构成了一种源远流长的民间信仰。

月老与姻缘"挂钩"成为一种民间共识，千百年来未曾改变，但其中的深意却随着时间的变化有了新的发展和含义。

一开始的"月老牵线"隐含了类似宿命的观点，当然这也与古代早期人类生产力和认识能力低下有关，自然的力量主宰了人们的命运，婚姻自然也要顺应屈服于天意和命运的安排。

但随着时间的慢慢推移，我们的月老变得越来越可爱，牵系红绳，反映的是一种缔结关系和忠贞程度。婚姻和爱情是神圣的，不能过分草率，更不能轻易放弃，结发夫妻之间拥有深厚情谊，结合在一起的爱人相信他们的结合有神的支配和祝福，如此，"惜缘"变成月老牵线的另一种价值。

这个形象的转变源自一个发生在清末的故事。

那时杭城有一户大家，家境殷实。可惜其子浪荡不羁，不喜继承祖业，喜欢云游四方，年过四十依然孑然一身，他的母亲甄氏很着急，但他不为所动，自称要找到心灵契合的女子为妻。

甄氏无可奈何，只好跑去月老祠求签，奇怪的是几次求签都得了同一支签，只有"奈何弃之"四个字。

"奈何弃之？"甄母很迷茫，不知何意。几次向师父求解，师父都说情长缘短，勿需急切。

"怎能不急？"甄氏心忧儿子的终身大事，几年下来，思虑过重，病倒了。家里千里飞书，才把儿子召回来，母亲拿出最后的杀手锏，以死相逼，责令他择日娶妻。

他的儿子是个不羁之人，多年在外，对世事看得很淡然，唯独对婚姻有洁癖。但见母亲如此病重，他又不好明确反抗，只好先应承下来，缓一缓母亲的情绪。

一日，他听母亲的丫鬟说起白云庵，便饶有兴趣地问道："山上是不是还有个月老祠？"

丫鬟答道："是呀，夫人都替您去了好几回了，您该自己去一去，也许缘分就来！"

"呵呵，这都是世人对自我的迷惑，怎会有用？"

"有用没有奴婢不晓得，只知道那边香火很旺，去的人多。少爷去一去又何妨，也算宽了夫人早晚给您求姻缘的心。"小丫头怂恿道。

少爷一听，哈哈大笑："无妨，无妨，那我改日去探个究竟，看他能说什么。"

第二天，他以去西湖会友为由，晨光微曦就出门去了白云庵。庵内古木葱翠，静谧古朴，是个清修的好地方。他走进月老祠，见四下无人，便也跪了下来装模作样开始摇签。

只听啪嗒一声，签落地了，他正欲伸手去取，只听身后传来声音："公子，你终于来了！"

他转过身来，只见是一位银发老者，左手拿着一本簿子，右手拿着根红绳。

"老人家，您认识在下？"

"公子是来求姻缘的吧。前世未珍惜姻缘，今生恐怕要惘然啊！"

"老丈何出此言，您究竟是哪位？"公子有些生气。

"你母亲为你所选之妻便是你前世之妻，可惜前世你未珍惜彼此缘分，不但抛下她而且未留只言片语。她等待多年，最后含恨而终。今生你俩虽缘分未尽，但也仅有一年之缘，不久她便将离世，你也将尝终身相思之苦。"

"荒谬至极，你，你到底是谁？"

"我就是你刚才求拜的月老,切记好生对待今生之妻,或许下一世还有好姻缘。"老者说罢便消失不见了。

少爷呆若木鸡,还在消化老者的那一番话。

忽听一小沙弥喊:"公子,公子,你的签。"

他接过签,只见竹签上只有"奈何弃之"四个字。

回到家中,母亲见他一副懊丧模样,追问缘故,他一五一十地将今日所遇之事相告,母亲听到"奈何弃之"四个字时,一阵急咳,婢女忙递过手帕,一擦全是血。

母亲无奈道:"看来这都是天意,望我儿好生对待将娶之妻。一日夫妻百日恩,不管多长的缘分,都是你的姻缘。"

但少爷仍不死心,不想娶这未曾谋面的女子。可经不住母亲以死相逼的决心,只好无奈应承了这门婚事。

新婚洞房夜,娇妻明眸皓齿,秀外慧中,少年对那日老丈所言再不相信。婚后,夫妻二人琴瑟和谐,他万万没想到,寻觅多年的佳人竟然就在眼前,对妻子从最初见到的惊喜到真真的打心眼里喜爱,凡操劳之事皆不让其沾手。不久后,妻子有了身孕,他满心欢喜,渐渐忘了那支签。

谁知,临盆那日,孩子平安出世,妻子却因失血过多而离世。公子大哭,痛彻心扉。后来算算时日,婚后恰好过了一年。

公子心中有了明悟,从此安心抚养孩子,期待来世

杭俗遗风 *HANG ZHOU*

黄龙洞圆缘民俗园"缘"字石

再续前缘。

月老系红绳，缘分便注定。缘深缘浅，则源于情深情浅。浓情蜜意，珍惜缘分，才能"缘"源不断。

惜缘的说法也在杭州各地传开了，民间对月老的信奉则增添了一种新的希冀，人们祈求婚后生活长长久久、和和美美。

如今，随着现代科学技术的不断发展，人们对于神话传说更多抱着听故事的态度。越来越多的男女青年追寻的也是婚姻的自由与独立，但他们心中仍有对"缘分"的希冀，月老牵线便成为人们心中根植的美好愿望。

白云庵月老祠虽已不在了，但黄龙洞的月老祠如今依旧兴盛。景区内还有一块十分显眼的大石头，刻着一个"缘"字，吸引着不少游客。我想人们最朴素的情感寄托中大抵都有一个"缘"字，相信冥冥之中的美妙。

有人在月老祠下写的一首诗，大抵能反映这样的心态吧。

> 有人说：人来到世上，是一场流浪。
> 直至寻找到灵魂的另一半，孤独才得以终止。
> 是否，你也在思索哪一个才是自己倚靠的肩膀；
> 是否，你也希望雨天有人为自己撑起一把伞？
> 嘘！别急，月老已经听到了你的心愿。

这也许就是所谓的民间信仰的力量吧，无论时代如何变迁，人们内心深处仍保留着对美好的期待，相信月老能听到你我的心愿。

参考文献

1.〔明〕周清源：《西湖二集（上）》，浙江人民出版社，1981年。

2.〔唐〕李复言：《续幽怪录·定婚店》，商务印书馆，民国二十三年（1934）。

第三章

行正扬清

岳飞庙
——青山忠骨，流芳百世

崇宁二年（1103），北宋王朝已是日薄西山、江河日下。

三月的中原大地依旧春寒料峭，乍暖还寒。

河北相州汤阴县永和乡孝悌里的一家农户，男主人岳和之妻姚氏即将临盆。屋内姚氏撕心裂肺的哭喊声，在寂静的春夜里显得格外凄惨，让在屋外等待的岳和心急如焚。

忽有一只大鸟飞来，在院子上空盘旋、鸣叫，像是在应和屋内的哭喊，声音似怨似喜。

岳和有些心烦意躁，正当他想驱赶时，屋内传来一声洪亮的啼哭声，接着大鸟便飞走了。

岳和很高兴，立马跑进屋内，见姚氏顺利产下了一个男婴。岳和夫妻中年得子，欣喜异常。他想起了刚才突然而至的大鸟，便给婴儿取名为飞，字鹏举，希望他将来能鹏程万里。

而这个取名"飞"字的农家子弟，果然不负所望，凭借自己的努力成为中国历史上的一代名将，在中华大地上书写了一段彪炳史册的英雄传奇。

一、尽忠报国，壮志未酬

少年岳飞为人沉默寡言，常负气节，喜欢读《左氏春秋》《孙吴兵法》等书。

当时的北宋朝廷无力抵抗金国，时常在反复求和与对抗中生存，百姓生活苦不堪言。岳飞的母亲希望儿子将来能报效朝廷、收复河山，在他背上刺下了"尽忠报国"四个大字，这也成为他终生遵奉的信条。

岳飞勤奋好学，在乡邻的资助下，拜陕西名师周侗习武学艺。学艺期间，他目睹山河破碎，百姓流离失所，内心悲痛不已，立志要报国投军、为国出力。无论寒暑冬夏，他都苦练不辍，骑射技艺练得炉火纯青。

后来他又拜陈广为师，学习刀枪之法，练成了岳家枪，武艺"一县无敌"，成为文武双全的人才。民间传言，岳飞生有神力，不满二十岁时就能挽弓六百斤，开腰弩八石，"时人奇之"。

不久，岳飞应募参军，和王贵、汤显等伙伴加入到了抗金救国的爱国洪流中。凭借出色的军事才能，岳飞逐渐建立起了一支纪律严明、作战英勇的抗金队伍"岳家军"。

岳家军作战骁勇，功绩卓著，得到了宋高宗的认可。他亲手写了"精忠岳飞"四个字，制成旗帜后赐给岳飞。除此之外，宋高宗还召岳飞入寝阁，盛意拳拳地对他说：

"中兴的大事，全部委托给你了。"岳飞大为感动，更是一心报国，绝无二心。

金人攻打拱州、亳州时，刘锜向朝廷告急，宋高宗立即下旨让岳飞火速增援，并在赐给岳飞的亲笔信中说："设施之方，一以委卿，朕不遥度。"

岳飞收到旨意后，立刻快马加鞭带兵前去增援。他调兵遣将，派几员大将分路出战，自己则率领轻骑兵驻扎在郾城。岳家军锐气十足，战斗力极强，以至金兵统帅长叹道："撼山易，撼岳家军难！"

可是好景不长。

绍兴九年（1139），岳飞在鄂州（今湖北武昌）听说宋金和议即将达成，立即上书表示反对，直言"金人不可信，和好不可恃"，并直接抨击了相国秦桧的不良用心。

但此刻的宋高宗已非当日那个盛意拳拳，要把中兴大事托付给岳飞的宋高宗了。他担心的是岳飞打败金兵后迎回二圣，那自己将很尴尬，皇位究竟是让还是不让？于是他不顾岳飞等主战派的反对，执意与金国议和。

和议达成后，宋高宗得意忘形，颁下大赦诏书，并对文武大臣大加封赏。可是，诏书下了三次，岳飞都给予拒绝，不要任何封赐。

他在辞谢表中，痛彻心扉地表示反对议和："唯今日之事，可危而不可安，可忧而不可贺。"并再次表示收复中原的决心："愿定谋于全胜，期收地于两河。唾手燕云，终欲复仇而报国；誓心天地，当令稽颡以称藩。"

这无异于给宋高宗当头泼了一盆冷水，让他和秦桧等人怀恨在心。

世事难料，第二年夏天，金国公然撕毁和约，分四路南下攻宋。岳飞立即上表自荐，毫不畏惧，带领岳家军勇猛抗击金兵。

战争持续到了绍兴十一年（1141），金国眼看无力攻灭南宋，便阴谋要与宋再次议和。阴险的是，金人在给秦桧的书信中要他"必杀岳飞，而后和可成"，杀岳飞竟然成了议和的前提。

此时的宋高宗只顾自己的皇位，罔顾家国河山，更不顾拼死在前线战斗的英勇的将领和战士们。就在岳飞抗金节节胜利之际，高宗在秦桧的挑唆下，一日内连发十二道金牌，要求在前线作战的岳飞回临安复命。

岳飞悲愤交加却又无可奈何，痛心疾首地仰天长叹："十年之功，废于一旦！所得诸郡，一朝全休！"

果然，岳飞一回到临安，便立刻陷入了秦桧、张俊等人布置的天罗地网。秦桧诬告岳飞谋反，还将他关入监狱，以"莫须有"的罪名将他害死了。岳飞死的时候年仅三十九岁。

岳飞的死讯传出后，老百姓都伤心不已。

但没有人敢去替他安葬，只有一个叫隗顺的狱卒乘夜色冒险将岳飞的遗体背出了杭州城，埋在钱塘门外九曲丛祠旁，且在临终前才将此事告诉自己的儿子。

直到绍兴三十二年（1162）宋孝宗即位，岳飞的冤

杭俗遗风 HANG ZHOU

〔明〕沈周《西湖岳坟图》

屈才被平反。淳熙四年（1177），宋孝宗为岳飞追赠谥号"武穆"，宋宁宗时追封为鄂王，宋理宗时改谥"忠武"。

到了嘉定十四年（1221），百姓们在栖霞岭南麓始建岳王庙，以纪念岳飞，岳飞墓则在庙外不远处。从此，杭州西湖边的岳庙成了历代人们瞻仰拜谒这位英雄的场所。

南宋亡国时，有一位姓徐的太学生率二子一女在岳飞墓前自焚，以示亡国之痛。

清代一位姓秦的文士拜谒岳飞墓时，因感秦桧之恶行，耻于姓秦，故作诗言："人于宋后羞名桧，我到坟前愧姓秦。"

人们都被岳飞的爱国情怀和民族气节所折服，哪怕历经了元、明、清多个朝代更迭，岳飞始终为人们所追思。

二、精忠岳飞的民间传说

岳飞死后的几百年间，岳王爷显灵的传说不断在民间上演且广泛流传，进一步加深了他在百姓心目中的影响力。头戴红缨帅盔，身着紫色蟒袍，臂露金甲，足蹬武靴，左手握拳，右手按剑，昂首挺胸，凝视前方，眉宇间透露着威严和正气的岳飞形象逐渐在人们心中演化成"神"一般的人物，成为"精忠"的化身。

"旌旗猎猎飒飒风，山山水水几千重。古今多少忠义事，化作滔滔江水声。"这首叫作《英雄叹》的歌谣曾在南宋百姓口中流传，恨只恨岳飞含冤而死，他的志向再也无法实现了。

面对蒙古的百万大军，南宋王朝无以为继，只得任由他们长驱直入，如入无人之境。

直到有一天，蒙古军队攻打到了相州地界，岳飞出生的地方，发生了一件怪事。

相州城东建有一座岳王庙，旁边是这位英雄的衣冠冢，蒙古大军不明就里，就在那里安营扎寨，准备第二天发动总攻。

夜里，巡逻的哨兵突然发现自己的佩刀不翼而飞，再一看，身背的箭筒也变得空空如也。哨兵慌慌张张地去中军帐向大帅报告，大帅派人去查验，发现全军的兵器竟像长了脚一样跑了，挖地三尺都没有找到。

大战在即，没了武器，这仗看来是没法打了，蒙古军大帅决定退兵三十里，等待援兵。

相州的守将名叫丁酉，此时正在酣睡。睡梦中，只见一位老者走上堂来，告诉他赶紧召集兵马赶到岳王庙。丁酉说自己睡得正香，有什么要紧事等到明天再说。

老者很生气，说等到明日就晚了，此时正是攻打蒙古大军的最好时机。看丁酉还是懒散懈怠的样子，那老者气得大喝一声："我的话可以不听，难道你连岳王爷的话都不听了吗？"接着便是重重一拳。

丁酉从梦中惊醒，觉得梦中之事十分蹊跷，便派人到附近的岳王庙查看，发现里面竟整整齐齐地摆放着数不清的兵刃箭矢，一看记号都是蒙古大军所有。

"难道真是岳王爷显灵了？"丁酉瞬间打了个寒战，

顾不得多想，立刻派出先锋营去烧敌军的粮草，然后命令大部队向蒙古大营直杀过去。

蒙古军此时已是一团乱麻，哪里还有胆量还击，兵败如山倒，那真是死的死、伤的伤，丁酉打了一场大胜仗。事后他立刻去岳王庙祭拜，心中感慨不已，饱蘸笔墨写下了岳王爷的千古名句："壮志饥餐胡虏肉，笑谈渴饮匈奴血，待从头，收拾旧山河，朝天阙！"

明朝时，倭寇横行，据说也发生过岳飞显灵的故事。

那一年秋天，有一千多名倭寇从金山卫登陆，入侵杭嘉湖一带。他们沿着运河，一路烧杀抢劫，直奔杭州而来。到杭州后，他们分成三路，向钱塘门、清波门、候潮门冲杀而来。

正在灵隐寺传艺的少林武僧月空，得知倭寇进犯杭城，便带领五百罗汉兵在岳王庙会集，商量杀敌对策。

月空得知倭寇被守城明军挡在钱塘门外，并未攻进城内，便想出了一条妙计。等到天黑，他命人悄悄从岳王庙出发，经孤山、白堤，向钱塘门外的倭寇包抄过去。

那些倭寇白日攻不进城去，便在钱塘门外大肆掠夺，杀猪宰羊，狂饮大嚼，到这时已是醉倒一片，横七竖八地倒在营地里。

猛然间，白堤方向传来咚咚战鼓和隆隆炮声，杀声震天。

放哨的倭寇抬眼一看，只见白堤上火炬滚滚，刀枪闪闪，帅旗高举。火把的照射下，一个"岳"字赫然显现。

一位虎将身穿白盔白甲，手舞长枪，骑着白马，威风凛凛地冲杀过来。前面开路的是一位身穿黑盔黑甲，手舞双斧的猛将，边冲杀边大喊："冲啊，岳家军杀倭寇来了！"

此时的倭寇营地早就乱作一团，那些倭寇于酒酣迷梦之中惊醒，慌忙拿起刀枪来抵抗，他们不知对方是何人，以为是守城的明军冲了出来。

可跑近一看，只见对面竖着一面"岳"字大旗。"你们到底是谁？是谁？"为首的倭酋大声疾呼。

"岳某在此，看你往哪里逃，看枪！"那白袍虎将一枪挑掉了倭酋手中的刀。

"岳家军杀倭寇来啦！"

"岳家军杀倭寇来啦！"

随着一阵阵呐喊声，五百罗汉兵装扮的"岳家军"，跟着月空扮演的"岳元帅"，冲入了倭寇阵营，左右冲杀，杀得倭寇哭爹叫娘，四下乱窜，乱了阵脚。

守城明军看见倭寇被城外援兵杀得东逃西窜，也出城接应，两队人马里外夹击，没多久，便把倭寇杀得屁滚尿流。

第二天，东方既白，月空带着五百罗汉"岳家军"离城而去，远远的只见一面"岳"字旗迎风飘扬。

城中的百姓听闻倭寇已被赶走，纷纷传闻是岳元帅显灵。大批百姓都跑去岳王庙祭拜，这位"尽忠报国"

的民族英雄始终活在人们心中。

明万历四十三年（1615），明神宗朱翊钧下诏书曰："咨尔宋忠臣岳飞，精忠贯日，大孝昭天，愤泄靖康之耻，誓清朔漠之师，原职宋忠文武穆岳鄂王，兹特封尔为三界靖魔大帝保劫昌运岳武王。"

岳飞被册封为"三界靖魔大帝"，也正式将岳飞推上了神坛。

三、岳飞信仰的产生

从古至今，名将层出不穷，但像岳飞一般最后成神、存在于人们心中的却不多。

他那功败垂成、夙愿未了的悲剧色彩引发了民众共情。他文武兼备，一首《满江红》传唱千古，不仅发出"文官不爱钱，武官不惜死"的道德感慨，也道出了"斩除顽恶还车驾，不问登坛万户侯"的尽忠愿望。

他的事迹家喻户晓，人们敬仰他大义凛然的民族气节，赞颂他尽忠报国的英雄业绩，更同情他含冤死于盛年，故此永远怀念他，奉其为神，修庙祭祀。

同时，也因岳飞"尽忠报国，富于民族精神"的形象在各朝各代国家主导的价值认同中不断得到升华，各种小说、演义、传奇的广泛问世和传播，使得岳飞成为爱国爱民、廉洁奉公的楷模，宁死不屈、义无反顾的正人，由此形成的"岳飞精神"根植在百姓心中。

旧时道士们在设坛驱妖降魔时，总要请各路有法力的神明助力，岳元帅就是其中最常见的一位。

于岳飞，每个人都有太多的话想说，但又往往说不出来，如鲠在喉，这是一种憋屈与痛苦。

时至今日，人们仍在为岳飞的枉死而慨叹。但岳飞的壮志未酬仍然是有价值的，他让今天的我们知道，在古老的中国，在腐朽的封建社会，仍然存在着这样一种精神，饱含对祖国、民族和人民的热爱，用自己的一生来报效祖国，兑现自己的理想，熠熠生辉地展现着中华民族这一古老民族的荣光！

如今的西湖环湖地带，胜景荟萃，游人如织，岳王庙作为忠良贤达之士的祠堂，早已与湖山胜景融为一体，形成了深层次的人文内涵。

岁月悠悠，沧海桑田，每当民族危难之际，岳武穆之忠烈精神、民族气节，总会激励着历朝历代的万千英雄儿女，为国捐躯。

尽忠报国照壁

这真是"丹心一片栖霞月,犹照中原万里山"。

参考文献

1. 赵斌:《精忠的化身——试论〈说岳全传〉中岳飞形象的嬗变》,《作家》2011年第14期。
2. 强金国:《岳飞形象从历史叙述到民间记忆再到民族认同的嬗变浅析》,《作家》2009年第10期。
3.〔清〕钱彩:《说岳全传》,吉林大学出版社,2011年。

于谦祠
——大义担当，力挽狂澜

千锤万凿出深山，烈火焚烧若等闲。
粉骨碎身全不怕，要留清白在人间。

一首《石灰吟》，作者托物言志，以石灰自喻，即使粉身碎骨也要像石灰的颜色那样青白分明、刚正不阿，洁身自好的个人形象扑面而来，他就是明代著名的忠臣于谦于少保。

他是这样说的，也是这样做的，他是国之柱石，是民族脊梁。

一、僧人相面，"救时宰相"

于谦是地地道道的杭州人，明洪武三十一年（1398）出生于一户普通家庭。当时他家就住在吴山脚下的祠堂巷，每日要到吴山三茅观读书，需从城隍庙前经过。

有一次，父母带他到城隍庙祭拜，他拿了一根竹竿在门前玩耍，还不时夹在胯下蹦蹦跳跳，当作竹马骑，玩得很开心。

庙里的一位高僧见他玩得专注，便细细观察他。只见这小娃娃容貌端正，眉宇间有些许英气，高僧不禁暗暗赞叹"不知是谁家的千里驹"，便想试试他的才智。

高僧召唤于谦过来，于谦见是庙中的和尚，倒也不怕，蹦跳着跑了过去。

高僧用手摸摸小于谦头顶的三个髻，然后笑道："三丫成鼓架。"谁知小于谦接口就回敬道："一秃似擂槌。"高僧听了并不生气，他见于谦身穿红袄，刚才又骑着竹马，便又说道："你是红孩儿骑马过来。"话音刚落，小于谦就对道："这是赤帝子斩蛇当道。"

高僧大吃一惊，与其父母言："此子骨骼不凡，出口成章，他日必成救时宰相。"

于谦的父母本是杭城的普通百姓，他们只是将孩子送到私塾，希望他能识文断字，有朝一日能光耀门楣。他们怎么也想不到日后的于谦能力挽狂澜，成为救时宰相。

据说于谦的成长除了颇具传奇色彩的"僧人相面"外，还离不开他的私塾老师。

他的老师姓文，自称与文天祥为同宗，并向学生广泛言传先人事迹。

他告诉学生们："文天祥虽是一介文官，但为了家国安危，能够毅然变卖家产，招兵买马，购买军粮，投笔从戎，加入抗元队伍。哪怕最后身陷囹圄，任凭敌人如何拷打、利诱，始终不为所动，视死如归，以一首《正气歌》传世于人间。"故而他要求他的学生经常诵读《正气歌》，要常怀家国情，正所谓"人生自古谁无死，留取丹心照汗青"。

小于谦就是在这样的氛围中受到了潜移默化的影响。

"殉国忘身，舍生取义；宁正而毙，弗苟而全。"这句话成为他对自己未来一生的行为举止的承诺。

二、力挽狂澜的文官于谦

三十余年后，他用生命兑现了自己的承诺。

明永乐十九年（1421），于谦二十四岁，此时的他已经乡试中举，即将赴京赶考。

他将从此告别自己的家，告别江南水乡的故土，前往风云聚汇、气象万千的京城。天下是如此广阔，于谦波澜壮阔的一生就此展开！

他收拾好行李，告别家人，遥望前路漫漫，却毫不胆怯，口吟一诗，勇敢踏上征途。

京城会试中，于谦进士及第。宣德初，被任命为御史。他有一副好口才，引起了宣德皇帝的注意。那宣德皇帝就是蒲松龄的《聊斋志异·促织》里喜爱斗蟋蟀的天子。于谦每次汇报工作，声音洪亮，吐字清晰，条理分明，皇帝侧耳倾听，竟然忘了蟋蟀的长鸣。

于谦任御史后，曾出巡江西，为数百受冤下狱的百姓平反昭雪，且不避权贵。他亲民爱民，对于民间疾苦毫不讳言，一有水旱灾害，不遮不掩，从不粉饰太平。宣德皇帝十分欣赏他，让他从一个七品的御史乘着火箭般坐到了封疆大吏的位置上，仕途一片光明。

如果就这么走下去，历史上或许会简单地记录下这个清正廉明的官员，平淡而简单。

然而，惊天动地的时刻终究还是来到了。

那是正统十四年（1449）七月，瓦剌军事首领挥刀出鞘，兵分四路，从四个方向对大明王朝大举进犯，朝廷准备反击。

明英宗朱祁镇年少英姿，志气满满，在奸宦王振的怂恿下决定亲征。于谦极力反对，明英宗不听。

经过一番准备，明英宗带着五十余名官员，率二十万精锐之师，御驾亲征，浩浩荡荡准备与瓦剌决战。

结果，明军在土木堡遭遇惨败，二十万大军全军覆没，不仅无数文官武将战死，就连明英宗也被活捉。

消息传回北京，举国皆惊。大军惨败，皇帝被俘，京城空虚，人心惶惶，一片亡国之象。

八月十八日的御前会议上，命郕王朱祁钰代理国政。敌军即将兵临城下，大臣们哭丧着脸，不知该如何是好。

朝堂之上议论纷纷，面对国之大变，翰林院侍讲徐珵竟然蛊惑众人说是星象有变化，应当迁都南京。

朱祁钰一筹莫展，惶惶不敢轻定。

这一幕似曾相识。北宋靖康之耻，不就是异族侵犯，君王被俘，国破而亡的吗？相隔三百多年的两个朝代，境况竟然如此相似，投降和逃跑的言论甚嚣尘上。

但大明最终没有沦落到和北宋一样的下场，因为和当年的北宋相比，此时的大明多了一个人，多了一声怒吼：

"言南迁者当斩！京师为天下根本，一动则万事去矣！你徐珵也熟读经史，难道不知宋朝南迁的后果！"

此人就是当时的兵部侍郎于谦。

皇帝身陷敌营成为人质，精锐士兵损失惨重，百姓惊慌失措，守城明军士气低落，还有类似徐珵这样只顾自己的逃跑派在煽风点火，一切的一切都在提醒他——

时局一团乱麻，就是一盘死棋。

但于谦没有屈服，他以北宋为戒，一旦南迁，长江以北的半壁江山顿时沦陷，且不说那大好河山，光是那亿万百姓瞬间沦为奴隶的场景就让人不忍目睹。他掷地有声地喊道："宁正而毙，弗苟而全！国家兴亡，我来担当！"

一语惊醒众人，那些主战派及摇摆不定的中间派被他的情绪感染，纷纷表态，愿为国家舍身忘死。

他们的忠义与勇敢打动了朱祁钰，他发下诏令，誓要在京城抗战到底。

于谦临危受命，担任兵部尚书，提督各营军马，全权指挥守卫京师。他立即命令各地武装力量到京勤王，调河南、山东等地军队进京防卫,调通州仓库的粮食入京,确保京师的兵力粮草。一时间,京城九门戒备森严,士卒纷纷驻守在城墙上,严阵以待,将领们也日夜来回巡视,不敢有丝毫懈怠。一切部署得当,朝中百官和城中百姓才人心稍安。

明英宗已被俘,为了避免敌人利用"投鼠忌器"这一招威胁大明王朝,于谦做了一生中最重要的选择,也完成了一生最重要的转变。

要知道封建时代,朝中一旦少了皇帝,臣民便会六神无主。此时虽然有郕王监国,但他仅仅是一个亲王,是英宗的弟弟。于谦联合主战派奏请皇太后立郕王朱祁钰为皇帝。皇太后同意众议,郕王却推辞不就。

于谦大义凛然,向其表明心志:"我们完全是为国家考虑,不是为了个人打算。国不可一日无君,瓦剌挟皇上而来为的就是逼迫我们就范,因此这是为大明江山千秋万代考虑!"

文武大臣也再三叩拜请求,郕王朱祁钰终于应允登基,是为明景帝。

正统十四年(1449)十月初六,瓦剌军因以明英宗要挟明廷之计不成,恼羞成怒,开始大举进犯北京。京城告急,明景帝让于谦全权负责守战之事,由此拉开了"北京保卫战"的序幕。

文官出身的于谦毫无惧色,亲自披甲执锐,领兵二十二万,列阵于九门外。

他抱着必死的决心,把兵部事务托付给侍郎,出城

丹心托月牌坊

后下令关闭城门，亲临前线督战，还立下了严苛的军令："凡守城将士，必英勇杀敌，战端一开，即为死战之时！临阵，将不顾军先退者，立斩！临阵，军不顾将先退者，后队斩前队！大军开战之日，众将率军出城之后，立即关闭九门，有敢擅自放入城者立斩！违军令者，格杀勿论！"

同时，各地勤王的军队也陆续抵达京城，京师军民士气大振。明军先是与瓦剌军战于德胜门外，瓦剌军大败。

可瓦剌军不甘心失败，又在彰义门组织进攻，明军佯装失利，瓦剌军追到土城，被潜伏在民居内的明军火枪手阻击，死伤无数，却不得寸进。

天寒地冻，京师外围守军奋力抵抗，双方僵持到十一月八日，瓦剌军无力再进，又因粮草受限，只好退返塞外。

就这样，明朝在先损失二十万精锐的情况下，由于谦率领二线部队英勇作战扭转了战局，赢得了京师保卫战的胜利。

经此一役，于谦不仅得到百姓们的广泛爱戴，还受到了明景帝的特别恩宠。

当明景帝得知于谦有痰症，便派太监兴安、舒良轮流前往探望；听说他的衣服、用具过于简单，便下诏令在宫中造了赐予他，所赐之物中甚至包括醋菜等吃食。明景帝还亲自到万岁山，砍竹取汁赐给于谦，为他治病。

有人说皇帝太过宠爱于谦，怕他会恃宠而骄，明景帝却不以为然，说道："于谦日夜为国分忧，不问家产，如果他去了，让朝廷到哪里再去找这样的人？"

三、清风两袖朝天去，留有忠名在人间

可就是这么一位忠贞爱国、心系社稷的单纯的贤能之士，最终却成了皇权斗争的牺牲品，最后死在了"太上皇"明英宗手里。

1457 年初，正值壮年的明景帝突然一病不起。

正月十六这日白天，以于谦、王直为首的一众大臣以国事为重，商议一同上奏复立被废的英宗之子为太子，但奏疏写成之后已经很晚，来不及上奏，准备第二日再上奏。

谁知大臣石亨、徐有贞等人见明景帝病重，便伙同宦官曹吉祥在当天夜里突然发动政变，迎回被软禁的太上皇明英宗复登皇位。

明英宗复位后念于谦确实有功于大明，不忍加害，可经不住徐有贞不断进谗言，终于决心处死于谦。就这样，曾为大明王朝立下不世之功的于谦和礼部尚书王文就一起被下了狱，连一个解释的机会都没有，整件事充斥着政治的血腥味。

五天后，两人就以谋逆罪的罪名被处死，并且被抄没了全部家产。

受命抄没于谦家产的人发现堂堂兵部侍郎的家中除了生活用品外竟无半点余财。他们发现正屋锁得严严实实，以为会有宝贝，但打开一看，里面供着的是皇上赐给的蟒袍、剑器，根本没有任何私人的珍贵物品。

坊间传言于谦在外地做官时，进京公干从不带礼物，曾有人劝他怎么也得带点儿土特产，打理打理京城的人脉。他却很豪放，甩甩袖子幽默地说：“我什么也没有，只有两袖清风。”他还为此作了一首七绝诗《入京》：

手帕蘑菇与线香，本资民用反为殃。
清风两袖朝天去，免得闾阎①话短长。

据说于谦就戮当日阴云蔽日、天地同悲，天下万民为他鸣冤。

有个叫朵儿的指挥官，本是曹吉祥的部下，但一直以来都对于谦的忠义颇为敬佩。

如今他见于谦惨死，内心悲痛，于是在当天晚上偷偷跑到于谦行刑的地方，一边洒酒祭奠，一边恸哭。

此事不知怎的被曹吉祥知道了，派人将朵儿绑了来

①闾阎（lǘ yán）：平民居住的地区，借指民间。

见他。曹吉祥怒气冲冲，愤恨道："你去给于谦洒酒，是什么意思？这不是在拆我的台吗！"

朵儿不作声响，也不作解释，傲然地看着他。

曹吉祥大怒，命人狠狠地鞭打了他，告诫他不准再去祭奠于谦。

但朵儿并不畏惧，第二日照样去于谦行刑处，泼酒在地表示祭奠，周围的百姓纷纷效仿，祭奠于谦霎时间成为民众共同的心绪。

明英宗听闻民间百姓对于谦深深的思念之情后，也感到十分后悔。皇太后开始时并不知道于谦已死，听说之后，叹息哀悼了好几天，无比感念当年"土木之变"后于谦的担当和大义。

同僚陈逵被于谦的忠义所感动，亲自前往行刑处收敛了他的尸体，还命人送回葬在了杭州。杭城百姓感慨于谦的遭遇，敬重于谦的英雄事迹，敬其为民族英雄，后于谦与岳飞、张苍水并称为"西湖三杰"，为世人所景仰参拜。

明成化二年（1466），宪宗皇帝特诏追认于谦复官，将其北京的故宅改为忠节祠。到了明万历十八年（1590）时又改谥"忠肃"，并在祠中为于谦塑像，至此，于谦被官方重新认可。

杭州的于谦祠，位于西湖西面的三台山麓，乌龟潭畔。

于谦一生正直廉洁，为了国家安宁夙兴夜寐，用生命践行了自己清清白白做人的宗旨，忠魂虽去，但一身浩然正气长留人间。

如今来到乌龟潭畔，我们可以看到白墙灰瓦，朱漆大门，"于忠肃公祠"几个隶书大字显得庄严肃穆。正殿正中是于谦全身立像，威严肃穆，双目炯炯，正气凛然。塑像上方悬挂着"丹心抗节"匾额，四个大字黑底金字，是乾隆御题。

于忠肃公祠内景

五百多年过去了，于谦似乎从来都没有离去过，他始终站在这里，俯瞰着这片他曾用生命和热血浇灌过的土地，俯瞰着那些他曾拼死保卫的芸芸众生。

沧海横流，方显英雄本色！相信即使再过五百年，无数浮华散去，于谦依然会站立在这里，依然会因他的正直无私、勇敢无畏被世代传诵。

因为他是一个永远活在我们心中的英雄，是真正的英雄。

而真正的英雄是不会被人们忘却的，历史长廊里永远有他动人心魄的身影。

名人信仰的产生便是源于他的正直清廉、为国为民，人们心中期待这样的好官、清官，所以信奉他、景仰他、祭奠他，万古流芳。

参考文献

1. 洪尚之、阮浩耕：《西湖寺观》，浙江摄影出版社，1992年。
2. 钱国莲：《风孰与高——于谦传》，浙江人民出版社，2006年。
3. 大军五七：《杭州于谦祠与于谦墓》，http://blog.sina.com.cn/s/blog_13d2faaf00102x991.html。

施将军庙
——勇敢仗义，壮士断腕

春风拂面游人醉，西湖歌舞何曾休。施全已经呆坐在西湖边许久，日日醉于西湖景，日日醉于西湖酒。

他是个武将，曾经一腔热血，有着欲与湖山同辉的志气。如今，他只剩一身无奈，于西湖边狂饮，无力在战场上厮杀拼搏。

岳飞父子遇害后，施全等人曾想率部杀回临安报仇，但受到阻挠，最终只能带着剩余的几千兵马到太行山落草为寇。

虽已成山中草莽，但为岳飞父子报仇的想法一直在施全脑海中盘旋，内心复仇的火苗始终扑腾。终于，他按耐不住了，以下山探查消息为由辞别了众人，孤身来到了临安。

但报仇谈何容易，现在连岳飞父子的尸首都不知身在何处，他苦恼、郁闷，只好借酒消愁。

然而喝醉了酒，他就不自觉地想起朱仙镇。

一、与岳将军的深情厚意

施全曾和岳将军并肩作战,他们一起一口气收复了颍昌、蔡州、陈州、郑州、郾城、朱仙镇等多处失地,消灭了金军的有生力量,使得金军军心动摇,连金军首领完颜宗弼都准备连夜从开封撤逃。

那是距离汴京最近的一次,四十五里,才四十五里,曾经的皇城近在眼前,昔日的荣光即将恢复。他们是多么的兴奋啊,甚至是亢奋。

杭州十五奎巷施公庙旧址

岳将军更是志得意满。他记得岳将军意气风发的模样，率领着岳家军所向披靡，一路上招兵买马，还联络河北义军，积极准备渡过黄河、收复失地。

岳将军还激动万分地对诸将说："直捣黄龙府，与诸君痛饮耳！"何等的畅快，何等的豪情，何等的辉煌！

如今……

施全不禁泪流满面，泪水打湿了衣襟，一鼻子的酸楚。

那十二道金牌如同带血的刀片，一刀一刀割在英雄将领们的胸口，更是刺进了岳将军的心里。

高涨的士气，激昂的情绪，必胜的信念，近在咫尺的胜利，瞬间被打碎，他们如同泄了气的皮球，士气一落千丈。

岳将军捶胸顿足，仰天长叹，他还没来得及收拾旧河山，朝天阙，却只得奉命回临安复命。那个叫"汴京"的地方也离他越来越远了。

临行前，岳将军把施全和牛皋叫到了身边。

营帐外，灯火通明，仿佛一切如常；营帐内，岳将军红着眼，沉默着，犹疑着，迷茫着。

当时施全有些忐忑，平日里这位好将军、好兄弟，为人豪爽，说话畅快，从不打哑谜，也不叫人猜测。今日这情形，看来事不简单。

空气凝结成一团，显得有些清冷。过了许久，岳将军才开口:"朝廷发来十二道金牌,命我即刻回京复命。施全,牛皋,我命你们二人共同执掌帅印,统领岳家军众将士,尔等务必尽心竭力。"

施全和牛皋相互对视一眼,知其深意,郑重答复:"必不辱将军之命。"

退出营帐后,施全复又进账,与岳将军推心置腹:"某自红罗山落草为寇,后与将军不打不相识,从那时起我就决心跟随将军走南闯北,忠于将军,愿为将军上刀山下火海,只要将军一句话……"

岳飞摆摆手,手重重地按在施全肩上,眼眶里泛着红血丝。

"十年之功,废于一旦!所得诸郡,一朝全休!社稷江山,难以中兴!乾坤世界,无由再复!权臣用事,毁我大宋,但你等还是要保存抗金实力,好好统领众将士!"说罢,便让施全出去了。

施全久久不能忘怀那一晚的景象,营帐外的灯火通明遮盖不了内心的苦楚与不甘。

就这样,岳飞踏上了回京的行程。

事出反常必有妖。果然,他一回到临安,便陷入了秦桧、张俊等人早已编织好的天罗地网。

绍兴十一年(1141),岳飞被诬告"谋反",被关进了临安大理寺①。监察御史万俟卨亲自刑审、拷打、逼供。

可谁不知岳飞有的仅是"尽忠报国"的拳拳之心,"谋

① 原址在今杭州小车桥附近。

反"之事纯属无稽之谈，但黑暗笼罩下的岳飞无路可走。

此时的宋金政府之间，早已谈成第二次和议的条件。双方都视抗战派为眼中钉，完颜宗弼更是凶相毕露地写信给秦桧，要"必杀岳飞而后和可成"。

除夕之夜，北风呼啸，漫天大雪。

在内外两股恶势力的夹击下，南宋朝廷竟以一个"莫须有"的罪名，将岳飞这样的忠良之臣害死在了风波亭。

施全愤恨、恼怒，既恨昏庸无道的南宋朝廷，更恨那些媚骨求和的奸佞之臣。

"天日昭昭！天日昭昭！"施全反反复复念着岳将军临死前的痛诉。

他捶胸顿足，该何去何从呢？奸佞不除，大仇不报，何以对得住岳将军的知遇之恩！

那年他本是进京参加武状元选拔的武生。他头戴蓝银盔，身穿亮银甲，骑一匹雪白的战马，一杆烂银戟，好不威风。

他的功夫也算得上是出神入化。可惜当年有人大闹校场，朝廷迫不得已暂停了武考选拔，施全和几个结义弟兄只好纷纷启程返回家乡。

返乡时，他们在红罗山遇到劫匪抢劫。几人在京师早已将盘缠用尽，索性诛除劫匪抢了山寨，从此在红罗山落草为寇，抢劫过往行人的财帛。也就是在当"山大王"的时候，施全与岳飞不打不相识。

那次，他们兄弟几个埋伏在草丛中，并在路上暗设了绊马索，只要有人来，马匹必被绊倒，他们就可以顺手抢劫。谁知，来人气势不凡，且颇为警觉，识破他们的计谋后，大喊让其现身。

施全带领弟兄从草丛中冲了出来，双方说不上两句话，便各举兵刃混战在一起。

施全舞动烂银戟与岳飞大战。二人大战了七八个回合后，施全忽然跃马跳出圈外，高声叫道："稍等，我有话问你！我看你面善，似曾相识，但又一时想不起来，你且报上姓名，从何处来？"

岳飞高声回道："荒谬，我乃汤阴县举子岳飞，怎会认得你们这帮强盗！"

施全一听大惊，原来是赫赫有名的岳飞，连忙止住打斗，将兄弟几人的遭遇和盘托出，并将岳飞等人请上山寨，还与岳飞结义金兰。接着他便一把火烧了山寨，和岳飞一起下山，后来在岳飞麾下任职，跟随岳飞走南闯北，四处征战。

爱华山之战中，施全率领所部在南山设伏，成功截住金军的去路，为岳飞打败完颜宗弼创造了有利条件。岳家军在太湖与杨幺等义军交战时，他又率领工匠将船底钉满密集的毛竹片，大破杨幺的水鬼船队，立下大功。

并肩作战多年的兄弟，如今却已天人永别，他想岳将军是如此忠肝义胆、坦坦荡荡、光明磊落，一心为了朝廷和百姓，如今竟遭遇这等冤屈，真是可叹、可气、可恨哪！

"冤啊！"施全仰天长啸。他已经在西湖边借酒消愁很久了，他该怎么办，怎么办呢？

二、偶遇狱卒隗顺

深夜，临安城里已没有了白天的喧嚣和繁华，街上空无一人，月光照映下的青石板显得有些清冷的诡异。

施全照例喝得醉醺醺的，摇摇晃晃地拎着酒瓶，跟跟跄跄地走在街上，突然与人撞了个满怀。

施全并不认识那人，只当倒了霉，骂骂咧咧了几句便往前走。

"是……是施将军吗？您没事儿吧？"

"嗯哼，你是哪个？给我走开！"

"小人隗顺，乃是大理寺狱卒。"

施全闻言一惊，酒醒了半分，抓住隗顺问道："大理寺狱卒？大理寺？你待怎的！"

"岳将军忠肝义胆，尽忠报国，我等都敬佩万分，谁知竟落得如此下场，真是可惜可叹！"

"哼，大理寺，一群小人！"

"将军息怒，此皆秦桧所为，将军一定要为岳将军报仇啊！"

"秦桧小人！某定将其碎尸万段！"施全听到秦桧之

名，恨得咬牙切齿，激发起了内心的仇恨。

第二日，太阳当头高照，施全头痛欲裂，但昨晚之事仍依稀记得，愤愤道："秦桧，秦桧，某定要宰了他！"

自从起了这个念头之后，施全便开始琢磨刺杀之事，从何下手，何时刺杀……只可惜至今尚未找到岳将军父子的尸首。

他在脑中思索一阵后，突然想到了那个狱卒隗顺，或许他会有门路。

隗顺一听施全真要刺杀秦桧，吓了一大跳，颤颤巍巍地说："将军可要考虑周全啊！秦桧身边护卫众多，恐怕不易下手。"

"哼，哪怕不能得手，我也要吓破他的胆，让他知道我们岳家军不会被消灭，没有我还有其他人，要让他不得安生！"

隗顺眼神凝重，想了大半天，然后认真地向施全作了个揖，郑重其事地说道："将军英勇！岳将军在天有灵，必能保佑将军成功。"

接着，他便偷偷在施全耳边说了秦桧来往的必经之路和岳飞的殓葬之处。原来，那天岳飞被害后，一直到天黑，都没有人敢来为其收敛尸身。是这个狱卒隗顺，偷偷跑到刑场，背走了岳飞的遗体。

为了避免打草惊蛇，他连夜翻城墙离开了临安城，一路狂奔到城外的九曲丛祠，将岳飞的遗体葬在了九曲丛祠旁边。

施全听闻，激动得差点哭出声来，连连点头道："好，好，总算岳将军有了归处，大恩不言谢。"说罢，冲着隗顺鞠了一躬，便匆匆离去，盘算一番后，挑了日子打算下手。

三、刺杀被捕，无惧生死

清晨的薄雾尚未散去，施全起身更衣洗漱。他烫了一壶热酒，趁着朦胧天色出了临安城，悄悄来到城外的九曲丛祠旁。

一壶浊酒洒向四方，他含泪在岳飞坟前祭拜一番，接着便手持利器，大踏步地离去，准备埋伏在秦桧来往的必经之路，决绝的模样宛如当年荆轲刺秦王般凌厉。

"生有何欢，死又何惧！"

施全来到望仙桥东，潜藏在人群中，等待秦桧老贼的到来。

等了不久，果然有一顶枣红色的豪华坐轿迎面过来，三面用布板遮蔽住，前后也都是毡帘围绕，边上还有不少家奴随行，气派十足。只听随从喊道："秦相趋朝，闲人躲闪！"边上的百姓纷纷躲闪，能躲多远就躲多远。

"老贼拿命来！"施全大喊一声。坐在轿子里的秦桧被这一声大喊吓得胆战心惊。随后只听得轿夫几声惨叫，他乘坐的轿子被重重地丢在了地上。

秦桧掀开轿帘一角，看见一个凶狠的大汉正手持一把寒光闪闪的腰刀冲过来，已经杀了他的轿夫和几名随从。

秦桧大惊失色，连连大呼："来人啊！快来人啊！快来护我！"

施全几步赶到轿前，举起手中的刀向秦桧挥去，不远处的侍卫虽然也在尽力向他逼近，但已鞭长莫及。秦桧心中暗道："完了完了，不料今日死于无名小卒之手……"

只听得哪的一声闷响，已经被吓掉魂儿的秦桧发现这刀并没有砍在自己的脖子上。原来施全用力过猛，以致方向发生偏差，锋利的刀锋把轿子上的一根木柱斩为两截。

施全一击失手，便给了众侍卫可乘之机。一名侍卫率先冲上去与他扭打在一起，其余侍卫也趁机围了上去，不一会儿施全就被活捉了。

秦桧呆呆地看着被砍成两截的轿柱，只觉脖颈阵阵发寒，后怕道："真是好险啊！"

接着他命令侍卫："将这刺客押到大理寺去，老夫要亲自审讯！"

秦桧命人大刑伺候，将施全拷打得体无完肤，咬牙切齿地问道："你这个贼子，胆敢行刺本相，是受何人指使？"

施全不为所动，鄙夷地答道："哼哼，你家军爷一人做事一人当，老贼休想让我攀咬忠良！"

秦桧怒喝道："好贼子，你如此大胆，莫不是得了失心疯吗？"

施全大义凛然地说道："我不是失心疯。全天下人都要去杀金人，你独不肯杀金人，那我便要杀你！你陷害忠良，为了岳将军我也要杀了你！"

秦桧一听，心中冷笑一声：呵，原来是岳飞余党，那就不用送官府审理了！

"来人啊，将这贼子押赴闹市，凌迟处死，以儆效尤！"

就这样，英勇无畏的施全惨死在屠刀之下。

狱卒隗顺听闻后，暗自伤心，再也不敢把岳飞殓葬之地的秘密告诉其他人，直到去世时才告知其子孙，并嘱咐要守护好秘密。

施全的刺杀行动虽然失败了，但秦桧每次想到那根被斩为两截的轿柱就后怕不已，不久后便患上严重的被害妄想症。

每次出门，他都命令五十余名全副武装的侍卫将自己的轿子保护得密不透风。在家时他也独自躲在一间阁子里，即便是他的心腹也不敢轻易进入，生怕惹得相爷犯了毛病，把自己当成"刺客"。

临安百姓则对秦桧深恶痛绝，好不容易出来一个敢刺杀他的施全，没想到刺杀不成反而被害。

老百姓敢怒不敢言，只好发明油条与葱包烩，说是让那秦桧与王氏抱在一起，扔进油里炸，以此泄恨。

可历史终究是公正的，时间将检验一切。

岳飞逝世二十一年后，冤案得到昭雪。同时杭州人也感念施全的忠义，在望仙桥西的石乌龟巷（今十五奎巷）立庙祀之，并在众安桥他就义的地方，建施公庙祭拜。

如今施公庙虽然没有保存下来，但施全的英名早已流芳百世。

在南宋那个具有特殊时代印记的时空里，他的忠勇已感动了千千万万的人，成为当时人们景仰和钦佩的对象。

为施全这类义士建祠立庙也表达了人们心中最质朴的信仰，为"国"为"忠"而不惜自我牺牲的人都是百姓心中的英雄，值得香火供奉，那一腔热血，当与湖山同辉，与青山永存。

参考文献

1. 洪尚之、阮浩耕：《西湖寺观》，浙江摄影出版社，1992年。
2. 〔明〕张岱：《西湖梦寻》，周如风译，中国画报出版社，2017年。

太太殿
——孝行孝迹，流芳百世

渌渚镇四面环山，风景秀丽，东面是葛、松两溪汇流的鼍江①。鼍江江水清冽，清澈如镜，水流虽不大，沙石却清晰可见，水草肥美，有时可见鱼群游弋水底。

渌渚村便是沿着鼍江两岸而建的，一条小街长约二里，周家则在渌渚村庄的中央，屋舍呈丁字形排列。

周家人口众多，是渌渚第一大姓。

一、至孝、至善、至勇的周雄

周雄便出生在周家。他自幼受父母教导，受淳朴乡风的熏陶，很小就深刻领会了一句话——人勤足食丰衣而裕家光宗。

所以他每每从私塾回家，不用大人交代，便会自觉地做一些力所能及的家务活，从不贪玩。如果遇到父母有个伤风咳嗽三病四痛的，他更是会急得"面无笑容，茶饭不思，甚至涕泪交流，独揽家务"。村里人总是一边笑话他一边又赞赏他"小小年纪竟有如此孝心"。

① 即今天的渌渚江。

那鼍江是葛、松两溪汇集之流，一到春季，雨水特别多。随着江水猛涨，富春江水便会倒流入鼍江，暴发洪水。

那年春天，雨季来得特别猛烈，暴雨日夜倾盆，江水嘶吼，仿佛随时要把人吞噬进去。

一个小孩玩耍时不识深浅，不慎跌落江中。他及时

大孝子周雄雕塑

抓住了江岸的树枝,可那树枝并不牢固,眼看就要被洪水吞没,命在顷刻。岸上众人连喊救命,但都畏惧水势,不敢轻易冒险。

千钧一发之际,少年周雄观察了一下洪水的流向后,便奋不顾身地跳入江中。江水湍急,周雄拼尽全力顺流过去,然后一把抱住小孩,顶到岸边,自己则被洪流裹挟到了很远,遇上一块浮木后才有幸缓了一口气,爬上了岸。事后,他在家中病了三天三夜。

小孩的父母感激涕零,带了重礼,上门连连磕头道谢。

周雄辞谢了对方的厚礼,在他看来,"救人一命胜造七级浮屠"。

"见死不救枉为人也,何谢之有?有老必有小,老者是社会之功臣,小者是国家之财富,人人都要尊而爱之。"

邻里乡亲听后大为感动,对周雄跷指称赞。

也就是在这一年的腊月中旬,数九寒冬,鹅毛大雪。周雄的母亲汪氏不慎感染风寒,鼻塞流涕,咳嗽多痰,四肢乏力。

周雄曾钻研过医道,知道母亲的病是外感风寒引起的。他精心医治,以疏风散寒、宣肺止咳化痰之法,让母亲发汗,不到两天,寒邪之气十去八九,病就好了大半。

但母亲大病初愈,口中却极其乏味,茶饭不思。眼见母亲日益消瘦,周雄心急如焚,几番询问,知道母亲想喝鲜鲫鱼汤开开胃。可这冰天雪地,哪里去买鱼呢?

思忖了两日，周雄终于想到了办法。

一日清晨，趁母亲尚未醒来，他悄悄提着竹制鸡罩和榔头出门了。

因接连下了几天几夜的大雪，路上早已铺上了厚厚的一层白毛毯，脚踩下去咔咔作响。周雄一步一个脚印艰难地向前走着，寒风从他的脖颈穿过。

他来到山脚下的池塘边，塘水已冻成白白的一层，冰结得很厚。

周雄脱下鞋子，赤脚下塘，脚一瞬间就被冻红了。他来不及理会，急忙用榔头敲碎冰块，捞冰上岸。接着又拿鸡罩扑水，伸手摸去。

冰水钻心刺骨，痛得他手脚发麻、面色青紫、浑身打战。他忍着疼痛，继续摸鱼。

总算功夫不负有心人，一个时辰以后，捉到了两条大鲫鱼。他高兴极了，急忙上岸穿鞋，兴奋地带着鱼，手舞足蹈地匆匆赶回了家。

午饭时，母亲闻到香气，见到那碗瘦猪肉蒸鲜鲫鱼，瞬间胃口大开。可这天寒地冻这鱼是从哪儿来的呢？

周雄见不好回避，便如实讲了破冰捉鱼的事，并且安慰母亲说一点也不冷。母亲听了真是又感动又心疼，不禁红了眼眶，可谓是鲜味在口中，心疼在心中。然而对周雄而言，只要母亲康健，一切都值得。

此事传遍方圆数十里，无人不知，无人不晓，一时成为佳话。

周雄对母亲至孝,好像从小就是如此,仿佛天生。那年夏令时节,酷暑当头,青石板路上都冒着暑气,地气蒸腾,人们都不愿意出门劳作。

小周雄却头顶烈日,手拿着竹篮跑去溪沟中摸螺蛳,不经意间右脚踏着一个光滑之物,伸手抓起,原来是一只数斤重的大鳖,小周雄高兴坏了,如获至宝,他曾听村里人说,龟鳖专治虚症,正好给母亲食用。

晚饭时,桌上的清炖甲鱼香气扑鼻。母亲见小周雄一筷不伸,心想儿子没有吃过甲鱼,哪有不想吃的道理,便故意嗔怪道:"怎么不吃呢?一起吃,不然为娘也不吃了。"

小周雄想的却是只有一只鳖,须要让母亲吃多一点才是。为了让母亲吃得心安理得,又不使她不高兴,他便心生一计,连忙用筷子夹了一小块爪皮,往嘴中一放,"啊哟"一声,双眉一皱,将嘴一张连饭吐出,还忙用清水漱口,故意嗔怪道:"实在是不好吃,有一股特别的腥味,喉间直发痒,老想恶心呕吐,都是娘害的。"

母亲见儿子如此,心想有的人不吃肉,有的人不吃鱼,也是经常事,只得作罢。事实上甲鱼的味道鲜美,周雄恨不得大快朵颐。

周雄十六岁那年,瘟疫流行,夺去了他父亲的生命,只留他与母亲相依为命。母亲则因为父亲去世悲伤过度,患下心痛之疾,时好时坏。

为了医治患疾在身的老母亲,周雄二十岁时就开始外出经商谋生，一是为了家中生计，二是为了赡养母亲。

当时陆路交通不便，一切重货都需要水运，要依赖木船竹筏来往运输。长年累月，江中泥沙不会停积，渌渚江水便总是碧绿清澈，航道畅通。

而渌渚江上游的土特产非常丰富，有冬笋、板栗、白果、榧子、毛竹、木材等多种物品，一般都集结在渌渚商行。

周雄很聪明，他常把这些物产运往金华兰溪衢县各地，然后带回外地的各种货物出售。有段时间他经常往来于渌渚与衢县之间，每次出船少则半月长则一月。他每次外出最放心不下的就是老母亲，担心其独自在家无人照料，总是尽量缩减出船的次数和时间。

春节刚过，转眼又到了出船的日子，周雄依依不舍，安顿好老母，临别时又反复叮嘱："春日尚未来临，寒气仍在，母亲您的风寒刚愈要注意寒热饥饱，多多休养，生活不可过俭。"

而母亲总是宽慰他："我儿放心去，娘等你回来。"然后母子两人依依不舍地在码头分别。

乡里邻居见他们如此母子情深，都打心底里羡慕。

可那次等他到达安徽婺源（古属徽州，今属江西）时，突感心惊肉跳，特别是右眼跳动不止。周雄心想此次出门前老母亲风寒刚愈，右眼跳得这般厉害，莫不是老母亲心痛病又发作了？周雄越想越不安，急得犹如热锅上的蚂蚁。

同伴则劝慰他:"这是你心有所念,才眼皮跳动,放下心来,眼皮就好了。"

"不,不,不,我与母亲相依为命多年,很多事情仿佛都有感应。此次眼皮突然跳动,定不会是好兆头。"

"可如今,我们已经行至安徽,距离家乡甚远,赶回去恐怕也要许多时日。马上要有重货交易,你且宽宽心,不要多想,老夫人吉人自有天相。"同伴无奈地说道。

当夜,周雄睡在床上,辗转难眠。他想到母亲孤苦一人,想到母亲艰辛抚养他长大,想到母亲本就身体虚弱,他再也按耐不住了。

天色未亮,外面还是雾蒙蒙的,周雄便拿好包袱,不顾货物也来不及与同伴告别,便匆匆弃船登岸,骑马日夜兼程赶回去了。

到家之后,果然见到老母发病卧在榻上,奄奄一息。

周雄号啕痛哭,连忙在堂前点起香烛对天叩拜,祷告上天,愿减己年以增母寿。

要知道在那个科学不发达的时代,尤其是八百年前的南宋,遇到难以解释的奇怪之事,人们皆以迷信释疑,封建王朝更是以迷信约束人们的思想,当时的人们都相信有鬼神,有轮回人生,谁也不敢违心乱发誓。周雄却焚香祷天,减己年增母寿,其心之诚天地可鉴。

接着他每日煎汤熬药、精心护理,直到母亲病情好转。母亲恢复身体后,周雄也尽量不出远门,以为人治病来维持基本的开销。

周雄学医是从父亲去世、母亲患下心痛之疾开始的，他刻苦攻读，还曾拜师于邻村的一个郎中，几年下来，医术大有长进。

有一次，隔壁邻居徐家老伯在田间放水，不小心被蝮蛇咬伤了，剧痛难忍。

有人见到后，立马跑去请周雄。周雄一听，急忙赶了过去，不顾腥臭，当场用嘴吸毒，吐而复吸，反复多次，总算暂时止住了毒性蔓延。他热心地把老伯背回家，还亲自跑去山上为其采集草药。外敷内服后，老伯数日便痊愈了。乡村邻里听闻后，纷纷上门请他看病。

一日，周雄出诊归途，路遇出殡的队伍。他见棺底有鲜血滴落在地上，心下疑惑："人既已亡故，哪会再有如此现象？"

他跟着行棺走了一段路，实在不得其解，便冒昧拦棺询问详情，当对方告诉他棺中是难产之妇时，他便留了个心眼。

"小孩尚在产妇腹中？"

"孩子已产下，产妇是产后而死。"

周雄一听，下意识地喊道："快，快，开棺救人！"

周围的人都很诧异，纷纷指责："你怎能如此无礼！人已死，怎么还能开棺救人，这是对死者的不敬！"

周雄急了，只好细细告知医理。

众人一听，急急回转启棺准备救人，如真能起死回生，真是天大的造化。

正当众人合力打开棺木时，产妇的丈夫因一路情深悲伤，一口气难以回转，竟一下子挺尸板上了。年逾古稀的父母号啕大哭，差点昏绝。旁边的婴儿肚饥，哭声沙哑。真的是一波未平，一波又起，现场顿时乱作一团。

周雄赶忙先为男子诊治，虽然他已鼻息全无，且按其脉不跳，但重按之下，关脉仍有微颤，细细辨认，应该是未夭。如不及时施救，恐再无回天之力。如此紧急的情形，周雄只好急法急治。他提起右手，虚握空拳，借着腕力在男子胸前连击三拳，以助其开通心窍。

过了一会儿，那已亡之人喉间鸣响，叹了口长气，

周雄纪念馆

竟慢慢呼吸起来，众人顿时目瞪口呆。

救人胜救火，周雄忙让众人将产妇抬放在竹榻之上。

周雄手探其鼻口确已无息，细按六脉也无所觉，莫非真死了不成？他也顾不得男女授受不亲，探手伸入产妇怀中，发现胸部尚温。于是他立即取出银针，刺入"人中""百会""涌泉""合谷""足三里"等穴，以重手法打通她的奇经八脉，还用双手重叠于产妇胸前挤压，用嘴输气。

约一个时辰后，产妇心跳恢复了。原本夫妇"双亡"、婴儿失养、二老如风中残烛的一家，幸而遇到了周雄，全家得救。

乡间邻里纷纷传颂他医者仁心、侠义心肠。

除此之外，周雄还经常竭尽所能地帮着乡里人解决各种困难，如治蝗、救灾、捕虎、除恶等行动中总能看到他的身影，在当地百姓心中，周雄就是个至孝、至善、至勇之人。

二、兴建太太殿

可惜天有不测风云，一次周雄到衢州经商，遭遇飓风，翻船掉入了江中，不幸遇难。

老百姓听闻后都很伤心，对他始终念念不忘。于是当地百姓便想着为他塑像立祠以作纪念。

周雄的母亲去衢州取回周雄的右手食指，家乡人民以指代身，在附近的太太山上为其造墓，后来人们就把祭拜周雄的祠庙称作"太太殿",心中期望自己的子孙都能像周雄一样仁孝、至善。

周雄在渌渚地区的影响很大,全镇各村和周边村庄几乎都以周雄的名义建了自己的太太殿,各村也都有太太殿庙会的会班。

相传旧历三月初三、九月初九为春秋两次庙会,以传统的祭祀仪式来弘扬孝道。到了日子,各村的会班都会聚集到渌渚镇上的太太殿,祭祀仪式之后,周雄坐像开始出巡,一路展演。

先是响锣开道,接着便有高跷队、锣鼓队、花篮队等相继开拨,他们均是各村自发组织的文艺会班。然后便是十六人大杠的"神轿",到达各村时,村民们前呼后拥、烧香点烛,虔诚祭拜。

这种空前的盛况,看起来像是迷信,其实是一种举村举家的精神调节,人们心中信仰冥冥中必有神灵庇佑,同时也成为一种颇具观赏性的文化娱乐活动。

随着时间的推移,周雄"太太菩萨"的名号也逐渐在衢江、新安江、钱塘江三江两岸流传开来。在人们看来,周雄是"与水共生"的,于是民间便信其为富春江、新安江、衢江的水神,称其为"周显灵王",其影响遍及浙西南水域。

几百年来,周雄誉满四海,不仅受到黎民百姓的爱戴,更有宋、元、明、清四朝六皇十一次赐封,得到朝廷的认可,其影响力愈加显著了。

三、孝道文化的产生

经过长久的历史演化，人们已经将周雄敬化为神，成为人们的精神鞭策和支柱。特别是随着孝道精神越来越受重视，在他身上逐渐产生了独特的孝道文化。

孝道文化建立在伦理思想的基础上，千百年来成为旧时代的、旧社会的纲常伦理。"善待父母"被视为神圣的义务，并由忠孝于父母、家庭扩大到忠孝于国家、社稷，进而被信奉为一种至高无上的道德。

把"孝男孝女"神化，并对其顶礼膜拜、焚香上供，成为一种赋有神奇色彩的民间信仰。

孝文化在传统中国社会中，一直具有非常重要的地位。它是中国文化精神的源头，也是中国道德、宗法的精神基础，源远流长。渌渚"孝子祭"的历史渊源缘于儒家的"仁"的观念，直接根源便是周雄的至孝、至善、至美，让人们产生敬仰与崇拜，并逐渐在口耳相传中由"孝子"变成"孝神"。

渌渚镇将孝道文化发挥至极致，全镇周氏族人和其他各姓氏族都有大同小异的族规家训，其本质就是强调传统的孝道文化，讲究仁、义、礼、智、信，代代相传。

如今周雄故里渌渚镇申报的"孝子祭"项目，已成功列入第三批浙江省非物质文化遗产名录。

参考文献

1. 李仁贤：《周雄传奇》，中国文联出版社，2004年。
2. 徐士瀛：《新登县志》，民国十一年（1922）。

吴山城隍庙
——刚正无畏，勇作直臣

位于钱塘江北岸、西湖东南面的杭州吴山风景区，草木葱茏，风景独然。那山上有一座古朴威严的庙，默然屹立，香客络绎不绝。这庙被称作"城隍庙"，是平民百姓焚香叩拜、祈福免灾之所，社会影响广泛。

何谓城隍，"城"是指城池的城墙，"隍"是指墙外的沟壑或护城河。城隍祭祀源于《周礼》蜡祭八神，其中第七神水庸[①]神，就是"城隍神"。

不过，当时举行祭祀城隍神活动的场地只是一个临时堆筑的土坛，场所并不固定，只作为防御工事的一部分。后来慢慢受到儒、道、佛三教合流的影响，才形成"峻其城，浚其隍，以备不虞，为卫民计也"的观念。

随着时代的发展变迁，城隍逐渐被神格化，其功能和作用被不断放大，进而成为民间崇拜的守护城镇安全的守护神。

吴山城隍庙中安坐的那座面目威严、器宇轩昂的城隍神，是明代时明成祖朱棣敕封的，名叫周新。

---

①水庸：指沟渠。

明代所绘《湖山胜概》中的"太虚步月"描绘的正是吴山城隍庙之景（万历陈昌锡刊印彩绘本）

吴山城隍庙正门

周新是明代时广东广州府南海县人，原名周志新，世居广州城南高第里，也就是如今的广州市越秀区北京路南端的一条叫"高第里"的内巷，现在人们为纪念他，已将此巷改名为"仰忠街"，取"仰慕忠贤"之名。

"生为直臣，死当作直鬼"是周新一生的写照。

一、周新上任，百姓欢呼"我得生矣"

明代岭南著名学者黄佐曾在《广州人物传》中记载，周新小时候便显示出与同龄人不相符的成熟。他老成、耿直，不惧任何事，气度非凡。

据说有一次，一个远房亲戚带了家人前来拜访，其中有一个跟他年岁相仿的小孩，十分调皮，爱捣蛋。

短短数日，那小孩竟然垂涎起邻居家的腊肉，偷偷拿刀切了一部分藏于袋中。邻居发现后，上门前来质问，孩子的父亲面露羞涩，只道："小孩年幼无知，请多担待！"因邻居素来与周新家和睦，见其道歉后便也不予追究了。

只是这父亲回头却再无规劝教导孩子，那小孩心安理得，不觉得偷切小小的腊肉是何不得了的事，依旧顽劣不堪。

周新见状，凌厉指责，向小孩的父亲明言："不做规矩，何以教子？此非爱子，乃害子也。"

亲戚听罢，又羞又愧，不日便离开了。

从此，周新为人凌厉的言传便在周边流传开来，但他也不惧人言，依然仗义执言。在他看来，真正的良师益友，是能指出他人过失的人，而非只会阿谀胡诌之辈。

到了明洪武年间，周新以诸生[①]入太学，明惠帝建文元年（1399），周新以乡贡进士被授为大理寺评事，自此踏上仕途。

明成祖朱棣即位后，改任其为监察御史，因皇帝常常直呼其为"新"，于是便改名为周新，把原名志新作为字。

周新在考察吏治、侦办案件时，精明能干，刚直敢言，弹劾官吏从不避讳其身份背景，官员都十分怕他，老百姓却对其赞不绝口。

明永乐三年（1405），周新被提拔为浙江按察使，

[①]诸生：古代经考试录取而进入中央、府、州、县各级学校，包括太学学习的生员。生员有增生、附生、廪生、例生等，统称为诸生。

主管全省刑狱和监察事务，浙江受冤的百姓得到消息后纷纷高呼："我得生矣！"他们欢天喜地地庆贺周新的到来。

周新刚进入浙江地界时，就发生了一件怪事。

当时正值清晨，晨光微曦，周新一行已日夜兼程数日，见到有一条小溪，便下马休憩，补充能量，养精蓄锐。

忽然传来一阵大喊："快来看啊，有好多虫子！"

大家循声望去，只见一群蝇蚋源源不断从远处飞来，还围着马匹不停缠飞，马儿似乎受到惊吓，脚步乱窜。

周新环顾四周，深感奇怪，如此风景秀丽之地，何来此等蝇营狗苟的脏东西呢？其中必有蹊跷。

于是，他立即派人追踪这些蝇蚋的来源，循着它们飞来的方向加以详查，结果在密林中发现一具腐烂的尸体，已经发出浓重的臭味，尸体上还有明显的刀伤痕迹。

周新走近后捂着鼻子，忍着臭味，仔细勘察。他在死者身上找到了一把钥匙和一个木质印章，细看那印章，是戳盖在布匹上作标识用的。

"此人定是布商，估计是被谋财了，必须严查！"周新若有所思地说道。

抵达浙江任所后，周新便派人秘密前往各布店购入各色布料，比对布上的印迹。

待到发现布上有这个记号的布商，周新命人即刻拿来，细细审问："你这布是谁人卖与你的？"那店主人一五一十地说出，他立即命手下将被供出的人拿来一审，果然是打劫布商之人。

主政浙江后，类似的案件多如牛毛，但只要经周新之手，再疑难的案子都能告破，百姓为之叹服。

有一个在杭州狱中被囚禁多年的窃贼，忽然有一天诬告乡民范典曾与他同盗。日光之下并无新事，周新知道这其中肯定有诈，故意叫范典前来细细审问。

范典吓得连忙跪地称冤："小人与窃贼不曾相识，如何会有同伙之事？"

周新微微含笑，示意他莫急，遂叫范典穿了公差的衣服、头巾立于庭下，又命公差换上范典的衣服跪于堂中，并叫他不要出声。然后，他命人将窃贼带至堂中，与这假范典同跪一处。

周新问道："你告他同盗，他却不服。"

窃贼看了一眼这假范典，疾声道："你与我同盗，今日怎可抵赖？"

假范典低头不语。

周新又故意问："莫非不是他？"

窃贼又看了一遍，言辞凿凿地说："怎么不是他？他叫范典，住在小屯巷，三年前与我同作伙计。那年五月初八与我一起偷盗了隔壁沈员外的家，他拿了好几样宝贝呢！"

周新随即笑问："你已在狱中囚禁多年，为何今日才喊冤要告他？"

"那，那是小人气不过，越想越窝囊，自己吃牢饭，他却在外面潇洒快活！"窃贼红着脸，伸长了脖子喊道。

"好，好，你再确认一次，范典是否就是此人？"

"就是他，我跟他伙计多年，怎能认错！"

周新随即沉下脸来，大声呵斥道："大胆窃贼，竟敢随意攀咬他人。你与范典并不相识，堂下之人乃是公差假扮的。说，是谁指使你的？"

窃贼一听，慌乱不已，连忙磕头认罪，还没等周新用刑便全部招供，原来是一个粮长与范典有仇，买通了盗贼，设下了这个局。

周新大怒，为了防止类似事件再发生，以儆效尤，他下令将二人杖毙。

从此，再没有狱中之人无故攀咬老百姓的事发生了。

二、"周新挂鹅"留清名

周新除了始终以一颗爱民之心秉公执法外，还严于律己，清正廉洁，生活简朴，有"廉吏"之美誉。

据《冷面寒铁公传》记载，有一次，一位同僚遣人给周新家中送去一只烤鹅。那日恰好周新不在，家人再三推辞，实在盛情难却，只好收下。

周新得知此事后，满怀忧虑地哀叹道："一次而后有两次，两次而后有多次，我享朝廷俸禄，为百姓办事是分内之事，岂能另收他物？无论是同僚之礼还是百姓之礼，我都不能收！"

为了表明决心，也为了刹住此种送礼之风，他在家门口将烤鹅悬挂示众。凡是有人再给他送礼，周新都指着这只烤鹅作例，从此再没有人敢给他送礼了，"周新挂鹅"的美名从此流传四方。

周新不仅洁身自好，对清廉的同僚也同样赞赏有加。

当时他听说时任钱塘县令叶宗人，廉洁奉公，一心为民，便决定微服前去调查真伪。

他在钱塘县境内转悠了两天，与商贩攀谈，与普通百姓闲聊，听到的都是百姓对叶宗人的赞誉。

虽说如此，他还是感觉不踏实，将信将疑。

于是乘叶宗人外出时，他突然到其家中查访。叶家果然非常简陋，没有任何贵重之物，他仅在竹箱中发现一包笠泽（太湖）银鱼干。

这让周新十分感动，第二天特地宴请叶宗人，大力表彰他的清廉。

叶宗人感念周新的知遇之恩，更加勤政爱民，被百姓称为"钱塘一叶清"，但不幸逝于任上。周新惊闻噩耗，痛心不已，亲自为叶宗人撰写祭文"唯钱塘之江水，与君万古而俱清"。

三、朱棣错杀周新，以梦之名行追封

周新在浙江破旧立新，惩治奸邪，断案如神，得到老百姓的爱戴，但同时也得罪了不少当地权贵。

当时，有一名千户①不顾法纪，欺压百姓、肆意索贿，周新曾找人告诫过几次，但他屡教不改。周新只好下令将此人依法痛打了一顿，还收了监。

谁知这千户十分狡诈，竟买通狱卒，趁夜偷偷逃走了。他对周新怀恨在心，急忙进京向当时的锦衣卫指挥使纪纲告状，添油加醋，想要整垮周新。

纪纲是何许人也？他是朱棣身边的锦衣卫指挥使，为人毒辣，恶贯满盈，经常仗着皇帝的器重肆意欺压百姓乃至朝廷命官。他见手下千户如此受辱，便开始时常在明成祖朱棣面前进谗言，诬告周新。

不久后，朱棣命其将周新押送至御前亲审。

进京途中，纪纲就唆使心腹对周新用尽酷刑，将其折磨得体无完肤，并且制造假案，逼迫周新伏法认罪。

但周新拒不认罪，一身肝胆，毫无惧色。他伏跪在大殿玉阶前，向皇帝高声抗辩："臣奉陛下诏为按察使，尽心履行擒治奸恶的责任，为何怪罪于我？"

他大声疾呼："生为直臣，死当作直鬼！"

由于纪纲污蔑在先，周新的态度更是惹得朱棣勃然大怒，盛怒之下要处死周新。

①千户：金朝始置，明代卫所亦设千户所，千户为一所之长官。

虽有人从旁求情，但朱棣此时已是火冒三丈，越想越气："你是直臣，朕就是曲直不分的昏君了？真是岂有此理！"一气之下，朱棣便让刀斧手把周新斩于午门之外了。

朱棣回到后宫，看到陪着他完成靖难大业①的徐皇后所撰写的《劝善书》，心生懊丧，久久凝视着"劝善"两字，说不出话来。

他忽然想起前几日大臣们的联名信，里面都是检举纪纲的种种劣迹，于是召唤前去调查的官员，才知道纪纲的劣迹早已是罄竹难书。

到了这时，朱棣才知道错杀了周新。

朱棣立刻下令严办纪纲，可是周新已被杀，他陷入痛苦的沉思之中。想到周新在老百姓心中口碑不错，错杀忠臣的名声怕是去不掉了。这可如何是好？

苦思冥想几日，朱棣终于想出了一个办法。

一日早朝，他对官员们说："前几天，朕做了一个梦，梦见阎王说，他那儿缺少人手，像浙江一带还缺一个城隍老爷，要朕推荐一个铁面无私、断案公正之人去那里做城隍神。朕想来想去，唯有周新适合，便把他送去了。昨晚，朕就梦见阎王带着周新前来面谢，他穿着一身大红衣服，浑身光鲜亮丽，高高兴兴地走马上任了。"

就这样，朱棣以梦之名追封周新为浙江的城隍神，也算是安抚了浙江的百姓。

① 即指靖难之变，是建文元年（1399）到建文四年（1402）明朝统治阶级内部争夺帝位的战争。

四、青天不灭，正气永存

到了明成化年间（1465—1487），《杭州府志》将周新列入"名宦"后，周新便逐渐成为浙江一带民众供奉的城隍主神。

在杭州百姓心中，周新是个青天大老爷，在世时刚正廉明、断案如神、爱民护民，现在成了城隍神，依然会以另一种方式庇佑他们。

据传，人们遇到不平之事，受到欺辱，到官府衙门告不赢的，就可以把冤屈、苦楚写成状子，到城隍庙里焚烧祈祷告冥状。城隍爷也会明察秋毫惩处恶人，给百姓"伸冤"。

老百姓自发地前往城隍庙祭祀祈祷，拜城隍神不仅逐渐成为杭州百姓的生活内容之一，也成为一种共同的信仰，寄托的是人们对"青天不灭"的美好愿望。

据当地百姓传言，自周新成为城隍神后，境内很多冤案顺利告破，许是城隍显灵。

有这么一个案子。

有一徽客曾携妻子在杭州做生意。一日，他独自送货至富阳，回来之时，遇到一位粘鹊之人，竿子上缚着二鹊。

二鹊见徽客停步逗留，不停悲鸣，似有求救之意。徽客看其哀怜，便向粘鹊之人买下二鹊，放了生。

但这徽客不够老成，打开银包取银子时未曾遮挡，帮其运货的驴夫瞧见银两很多，散碎者不计其数，便起了谋财之心。

走到一偏僻处时，驴夫便把徽客从驴上推下，再用石块打死，埋于道旁，偷了他的银子逃跑了。

过了几日，徽客的妻子见丈夫迟迟未归，四处打听，均无所获。她日夜以泪洗面，恐丈夫遇害，心中悲痛。

邻居见状，给她出了个主意："何不前去城隍庙拜拜，请周新大老爷断断案。"于是，徽客妻子赶忙前去

《西湖拾遗》中的周城隍形象

城隍庙祈祷。当夜，二鹊入梦，让她前去报官。

第二天，徽客妻子跪在堂上，诉说丈夫可能被害之事。堂上的大人鉴于没有证据，只想劝退。此时，忽有二鹊飞到案桌边悲鸣不已，似有诉冤之意。徽客妻子赶忙向大人讲述了昨晚之梦，请求大人跟着二鹊前去。

大人见妇人执着，且确有二鹊，便将信将疑派人一起跟随前往。

二鹊果然通灵，一路飞鸣，似有招呼之意。直到徽商被害之地，二鹊才停下来，立于土堆之上鸣噪不止。

大人命人扒开土堆一看，果然有一具尸体，头部被打碎，身边却有一条驴鞭子。于是，他立即命富阳县将境内的驴夫人数查实，并报来姓名。

但人数众多，一时难以查实。此时，徽客妻子又言："梦中二鹊离去之时，曾说非桃非杏，非坐非行。"

大人看了看名单，随即悟道："非桃非杏，非坐非行，非李立而何？"

李立来到堂上，一阵威慑之下，不打自招。

此事很快传开,老百姓们争相议论,都说是城隍显灵,周新老爷无论生死，都在护佑百姓，城隍庙里一时善男信女如云，香火不绝。

杭州城隍庙会也越来越热闹，每年都要举行城隍"出巡"活动：清明前后，因春耕百姓都要下地劳作，城隍爷就以"收鬼"为名，出城缉拿，以免鬼魅危害百姓。秋季出巡则以"访鬼"为名，专门查访屈死冤鬼，还当面受理申述，为冤屈魂鬼平反昭雪，让其早入轮回。冬季出巡定于十月初一，此时又称作"放鬼"。进入冬季，农事已忙完，人们少有下地干活了，小鬼们被囚禁大半年，也可出来放放风了。

这些神祀活动，如今看来实有封建迷信色彩，但那时，民间生活单一，城隍"出巡"便渐渐成为民间的一种娱乐活动，娱神，娱己，客观上还搞活了地方经济，很受百姓欢迎。

到了明清后期，因城隍庙与各级封建官府联系紧密，因而在一些文学作品和口头传说中，常被作为封建地方官吏的象征而受到抨击和嘲笑。全国众多的城隍庙都受到了不同程度的批判。

但只有周新是例外。吴山城隍庙并未受到抨击，杭州百姓认为他清正廉明、刚正不阿、智谋双全，是"一生守法并无违，万古千秋烈日辉"的"正人直臣"。老百姓们爱戴他、敬仰他、信奉他，是对他为官一任、造福一方的肯定。

同时，吴山城隍信仰也寄托了老百姓对"青天不灭"的永远渴望。无论历史如何变迁，时代如何发展，清官廉吏永远会受到人民的崇敬与爱戴，清正廉洁也永远是人间正道。

如今去到城隍庙，里面仍挂有"纲纪严明""浩然正气"等匾额，还有"善恶到头终有报，是非结底自分明""善行到此心无愧，恶过吾门胆自寒"等楹联。

这些匾额与楹联除了歌颂城隍神的功和德、劝人行善不作恶之外，还展现了民间百姓对"正气"和"善良"的信仰，这些看似无形的信仰能够在历史长河中抚慰每一个人内心的宁静与自由。

现今的城隍庙大都成了旅游景点，其神圣性、神秘性逐渐被人间性、生活化所代替，渐渐褪去宗教色彩。城隍神逐渐成为民情百态的缩影，城隍庙也就自然而然成为"中国民俗的博物馆"，成为中华文明五千年积淀的文化艺术和信仰的象征。

人们在旅游途中，通过游览各大城隍庙了解这些历史人物如何成为城隍神，既可领略古迹的历史神韵，又能让人对城隍神真人的品德产生信仰崇拜。

当然，城隍信仰历经千百年沿袭，有其精华，也有其糟粕，我们应以兴利除弊为原则正确对待，发挥其在建设中华民族精神家园中的作用，通过瞻仰并感戴先贤古德的丰功伟绩，以收敦风化俗之效，发扬"逝者虽逝，来者可追"之古风。

新时代的我们，吸纳的也必定是这些民间信仰背后值得景仰的古风古德。

参考文献

1. 刘梦君：《城隍庙的社会功效浅析》，道客巴巴，2017年11月10日。

2.杨春景、袁文良：《说说"城隍庙"与城隍文化》，《文史月刊》2013年第8期。

3.谭天：《"生为直臣，死当作直鬼"——明代清官周新在浙江的故事》，《今日浙江》2003年第21期。

4.张娟：《"周新挂鹅"留清名》，《人才资源开发》2018年第11期。

5.杨子才：《"冷面寒铁"的御史周新》，《中国监察》2006年第22期。

6.刘玉堂、张帅奇：《国家在场、民间信仰与地方社会——以明清江南城隍庙为中心的历史透视》，《湖北民族大学学报（哲学社会科学版）》2020年第1期。

7.〔明〕周清源：《西湖二集（下）》，浙江人民出版社，1981年。

丛书编辑部

艾晓静　包可汗　安蓉泉　李方存　杨海燕
肖华燕　吴云倩　何晓原　余潇艨　张美虎
陈　波　陈炯磊　尚佐文　周小忠　胡征宇
姜青青　钱登科　郭泰鸿　陶文杰　潘韶京
（按姓氏笔画排序）

特别鸣谢

魏皓奔　杨作民　丁云川　徐海荣（系列专家组）
魏皓奔　赵一新　孙玉卿（综合专家组）
夏　烈　郭　梅（文艺评论家审读组）

图片作者

杭州市园林文物局
吴　昱　徐雍容　鲁　南
（按姓氏笔画排序）